사람의 마음을 여는 60가지 열쇠

당신 마음의 숨겨진 잠재력을 깨워라

사람의 마음을 여는
60가지 열쇠

백미르 지음

다온길

들어가며

복잡하고 끊임없이 변화하는 오늘날의 세상에서는 우리 자신과 주변 사람들을 이해하는 것이 그 어느 때보다 중요합니다. 이 책은 인간의 마음에 대한 귀중한 통찰력을 제공하고 우리의 잠재력을 최대한 발휘할 수 있는 실용적인 전략을 제시하는 책입니다.

저에게 성공과 행복을 가져다 준 60가지 열쇠를 소개하고자 합니다. 자신감 키우기, 도전하기, 성공 달성하기, 노력하기, 희망 키우기 등의 주제를 통해 스스로 발전하는 자신을 발견할 수 있을 겁니다. 각 PART의 명언들을 읽으며 우리에게 주는 교훈과 다양한 사례를 통해 여러분이 자신의 삶에 적용할 수 있는 귀중한 통찰력과 실용적인 전략들을 어떻게 활용할 수 있는지 알게 되실 겁니다.

이 책은 우리들이 인생을 살아가면서 겪게 되는 다양한 상황들에 대해 도움이 되는 글로 명확하고 간결하여 쉽게 따라하고 이해할 수 있습니다. 각 명언에 대해 읽다 보면 당장 내 인생에도 적용할 수 있는 다양한 조언들을 얻을 수 있습니다.

자신의 삶이나 타인의 삶을 개선하고자 하는 모든 사람에게 '사람의 마음을 여는 60가지 열쇠'는 반드시 읽어야 할 책입니다. 잠재력을 최대한 발휘하고 삶의 모든 영역에서 성공을 이루고자 하는 모든 사람에게 이 책을 적극 추천합니다. 저자의 통찰력과 실용적인 사례들은 독자들이 자신의 최고의 버전이 될 수 있도록 영감을 주고 힘을 실어줄 것입니다.

이 책은 여러분 자신의 잠재력은 물론 주변 사람들의 잠재력을 끌어내고, 삶의 모든 영역에서 성공하는 데 필요한 도구와 영감을 제공하는 데 도움이 될 것입니다.

백미르

차례

노력하기 *150*

1부
자신감 키우기

재능 발휘하기
: 재능과 잠재력을 발휘하는 방법

자신을 내 보여라. 그러면 재능이 드러날 것이다.

— 발타사르 그라시안

위험을 감수하고 새로운 것을 시도하며 자신의 기술과 능력을 세상에 보여주면 자신이 할 수 있는 일에 대해 인정받을 가능성이 높아진다는 것을 의미한다.

사람들은 종종 자신의 고유한 재능을 표현할 방법을 적극적으로 찾지 않아 자신의 잠재력을 충분히 발휘하지 못하는 경우가 있다. 하지만 자신을 밖으로 내보내고 새로운 경험과 기회에 자신을 개방하면 이전에는 알지 못했던 숨겨진 재능과 능력을 발견할 수 있다.

예를 들어, 음악에 항상 관심이 있었지만 한 번도 도전해 본 적이 없는 사람은 음악가로서의 진정한 잠재력을 깨닫지 못할 수도 있다. 하지만 동호회에 가입하거나 음악 레슨을 받으면서 자신을 드러내면 악기 연주나 노래에 타고난 재능이 있다는 것을 발견할 수도 있다.

자신의 존재감을 드러내기 위해서는 용기와 노력이 필요하지만, 기꺼이 그 발걸음을 내딛는다면 자신의 진정한 재능과 잠재력을 발견할 수 있다.

개인의 재능과 잠재력을 발휘하기 위해 해야 할 일

1. 발견 : 새로운 것을 시도하고 시야를 넓혀 자신이 좋아하는 것과 잘하는 것을 발견하는 것을 이야기한다. 여기에는 안전지대에서 벗어나 새로운 기회를 발견하기 위해 위험을 감수하는 것도 포함될 수 있다.

2. 배우기 : 자신의 관심사와 강점을 파악한 후에는 지속적으로 기술과 지식을 배우고 개발해야 한다. 이는 교육, 과외 또는 다른 사람의 멘토링과 지도를 구하는 방법을 통해 이루어질 수 있다.

3. 연습 : 기술과 지식을 꾸준히 연습하고 적용하는 것은 숙련도를 높이고 능력에 대한 자신감을 키우는 데 매우 중요하다. 여기에는 목표 설정, 진행 상황 추적, 접근 방식을 개선하기 위한 다른 사람의 피드백 구하기 등이 포함될 수 있다.

4. 지속성 : 우리의 잠재력을 진정으로 발휘하려면 도전과 좌

절 속에서도 끈기를 잃지 않아야 한다. 이는 실패를 성장의 기회로 받아들이고 역경에 직면했을 때 회복탄력성을 갖는 것을 의미한다.

5. 진화 : 계속 탐구하고, 배우고, 연습하고, 지속할 때 우리는 개인으로서 진화하고 성장할 것이다. 우리의 재능과 잠재력이 예상치 못한 방향으로 우리를 이끌 수도 있으므로 열린 마음을 갖고 변화에 적응하는 것이 중요하다. 변화를 수용하고 끊임없이 개선을 추구함으로써 우리는 계속해서 우리의 잠재력을 최대한 발휘할 수 있다.

해리 포터 시리즈의 작가인 J.K. 롤링의 이야기에서 예를 들어보자.

세계적으로 유명한 작가가 되기 전에 J.K. 롤링은 여러 가지 개인적, 직업적 좌절에 직면했습니다. 직장을 잃고 이혼을 겪었으며 어린 딸과 함께 정부 지원금으로 생활하고 있었습니다.

하지만 그녀는 항상 글쓰기에 대한 열정을 가지고 있었으며 소설을 집필하고 있었습니다. 여러 출판사에서 거절을 당했지만, 그녀는 마침내 책 계약을 맺을 때까지 계속해서 여러 출판사에 원고를 보냈습니다.

그녀의 첫 번째 책인 해리 포터와 마법사의 돌은 엄청난 성공을 거두며 그녀를 유명하게 만들었습니다. 이후 그녀는 이 시리즈에서 6권의 책을 더 집필했으며, 이 책들은 모두 세계적인 베스트셀러가 되어 블록버스터 영화로 각색되었습니다.

J.K. 롤링의 이야기는 자신을 드러내고 열정을 추구하면 어떻게 성공으로 이어지고 재능을 발휘할 수 있는지를 보여주는 강력한 예입니다.

수많은 도전과 좌절에 직면했음에도 불구하고 그녀는 자신의 재능을 인정받고 전 세계적인 명성을 얻을 때까지 끈기를 잃지 않고 자신의 글을 전 세계와 공유했습니다.

실행의 중요성
: 성공을 달성하는 데 필수적인 방법

탁월하다는 것은 아는 것만으로는 충분치 않으며, 탁월해지기 위해,
이를 발휘하기 위해 노력해야 한다.

_ 아리스토텔레스

성공에 필요한 지식만으로는 탁월함을 달성할 수 없음을 이야
기한다. 진정으로 탁월해지려면 행동을 취하고 일관되게 좋은 성
과를 내야 한다. 즉, 무엇을 해야 하는지 아는 것만으로는 충분
하지 않으며, 실제로 그 지식을 실천에 옮기고 효과적으로 수행
해야 한다.

이 점을 설명하기 위해 성공적인 뮤지션이 되고 싶다고 가정해
보자. 음악 이론에 대한 지식과 악기 연주에 필요한 기술을 모두
갖추고 있다고 해도 실제로 정기적으로 연습하고 청중 앞에서
연주를 잘하지 않는다면 훌륭한 음악가가 될 수 없다.

마찬가지로 어떤 분야에서든 성공하기 위해 무엇이 필요한지
아는 것은 첫 번째 단계에 불과하다. 또한 지속적으로 좋은 성

과를 내고 탁월함을 달성하기 위해 노력해야 한다. 이를 위해서는 노력과 지속적인 개선에 대한 의지가 필요하다.

탁월한 성과를 내기 위해 해야할 일

1. 강점과 약점을 파악 : 자신의 강점과 약점을 이해하면 강점을 개발하고 약점을 개선하는 데 노력을 집중할 수 있다.

2. 달성 가능한 목표 설정 : 도전적이지만 달성 가능한 구체적인 목표를 설정하면 원하는 결과를 향해 노력하도록 동기를 부여할 수 있다.

3. 행동 계획 : 목표를 설정한 후에는 목표를 달성하기 위해 취해야 할 단계를 간략하게 설명하는 행동 계획을 수립해야 한다.

4. 행동 실행 : 목표를 향해 일관되고 신중한 행동을 취하는 것은 성공에 있어 매우 중요하다. 여기에는 희생을 감수하고, 열심히 일하고, 도전을 지속하는 것이 포함될 수 있다.

5. 행동계획 평가, 조정 : 정기적으로 진행 상황을 평가하고 필요에 따라 행동 계획을 조정하면 원하는 결과를 달성하기 위해 궤도를 유지하고 필요한 사항을 변경하는 데 도움이 될 수 있다.

6. 피드백 구하기 : 다른 사람들로부터 피드백을 받으면 개선이

필요한 부분을 파악하고 선택한 분야에서 탁월해지는 방법에 대한 귀중한 통찰력을 얻을 수 있다.

7. 성장 마인드 : 마지막으로, 성장 마인드를 유지하면 학습과 성장 기회에 열린 자세를 유지할 수 있으며, 그 과정에서 장애물과 좌절을 극복하는 데 도움이 될 수 있다. 지속적인 개선과 개발에 초점을 맞춘 사고방식을 수용하면 달성하고자 하는 목표가 무엇이든 탁월하게 해낼 수 있다.

뛰어난 성과를 내기 위해 행동을 잘 수행하는 것이 얼마나 중요한지 몇 가지 예를 들어보자.

· 농구 선수는 게임의 규칙과 기술에 대한 모든 지식을 가지고 있다고 해도 꾸준히 연습하고 코트에서 좋은 성적을 내지 못하면 뛰어난 선수가 될 수 없습니다. 뛰어난 선수가 되기 위해서는 지식을 실천에 옮기고 열심히 노력하며 지속적으로 기술을 향상시켜야 합니다.

· 기업가는 훌륭한 사업 아이디어를 가지고 있고 창업의 모든 기본 사항을 알고 있을 수 있지만, 계획을 잘 실행하고 실행하지 않으면 해당 업계에서 뛰어난 성과를 낼 수 없습니다. 비즈니스에서 성공하려면 계산된 위험을 감수하고 정보에 입각한 결정을 내리고 아이디어를 효과적으로 구현하기 위해 열심히 노력해야 합니다.

· 학생이 시험에 합격하는 데 필요한 모든 지식을 갖추고 있다고 해도 공부하고 시험에서 좋은 성적을 거두기 위해 노력하지 않으면 학업적으로 뛰어날 수 없습니다. 교육 분야에서 성공하려면 습득한 지식을 적용하고 열심히 노력하며 시험과 과제를 꾸준히 잘 수행해야 합니다.

・예술가는 예술 이론과 기법에 대한 깊은 이해가 있을 수 있지만, 고품질의 작품을 창작하고 지속적으로 생산하기 위한 행동을 취하지 않는다면 훌륭한 예술가가 될 수 없습니다. 예술 분야에서 탁월하려면 지식을 실천에 옮기고 열심히 노력하며 지속적으로 기술을 향상시키기 위해 노력해야 합니다.

전반적으로 이러한 사례는 지식도 중요하지만, 탁월함을 달성하기 위해서는 행동과 성과가 필요하다는 것을 보여줍니다.

자신감의 힘
: 인생에서 성공하는 데 도움이 되는 방법

절대로 고개를 떨구지 말라. 고개를 치켜들고 세상을 똑바로 바라보라.

_ 헬렌 켈러

역경이나 어려운 상황에서도 자신감과 자존감을 유지하라는 격려의 말이다. '고개를 치켜들고 세상을 똑바로 바라보라'는 문구는 자신의 업적을 자랑스럽게 여기고 그 무엇이나 그 누구도 자신을 실망시키지 말아야 한다는 것을 이야기한다.

고개를 숙이는 행위는 종종 수치심, 패배감 또는 낙담과 관련이 있다. 고개를 높이 들고 세상을 바라보는 것은 힘과 회복력, 도전에 직면하고 이를 극복하려는 결단력을 전달한다.

거절, 실패, 비판 등 어려운 상황에 직면한 개인에게 특히 적합할 수 있다. 이 명언은 이러한 부정적인 경험에 좌절하지 않고 자신감과 긍정적인 태도를 유지하도록 독려한다.

전반적으로 이 명언은 어려움에 직면했을 때 강인함과 자신감, 회복탄력성을 유지하고 긍정적인 인생관을 유지하라는 메시지를 담고 있다. 좌절이나 부정적인 경험으로 인해 자신의 가치를 정의하거나 스스로를 무너뜨리지 말고, 용기와 결단력을 가지고 고개를 높이 들고 세상을 마주하라는 의미이다.

몇 가지 예를 들어보자.

· 면접을 보러 갈 때 긴장하거나 겁을 먹을 수 있습니다. 하지만 눈을 마주치고, 명확하게 말하고, 고개를 높이 들고 있으면 면접관에게 자신감을 전달할 수 있습니다.

· 스포츠에서 운동선수는 경기에서 패배하거나 슛을 놓치는 등의 어려움에 직면할 수 있습니다. 그러나 평정심을 유지하고 고개를 높이 들고 계속 앞으로 나아간다면 이러한 좌절을 극복하고 미래에 성공을 거둘 수 있습니다.

· 개인적인 관계에서 개인은 갈등이나 의견 충돌에 직면할 수 있습니다. 그러나 고개를 높이 들고 존중과 자신감을 가지고 자신의 감정을 전달하면 이러한 문제를 해결하고 건강한 관계를 유지할 수 있습니다.

· 학업에서 학생들은 어려운 시험이나 과제에 직면할 수 있습니다. 하지만 고개를 높이 들고 자신의 능력에 대한 자신감을 유지하며 필요할 때 도움을 구한다면 학업 성취를 이룰 수 있습니다.

이 모든 예에서 개인이 어려움에 직면했을 때 자신감, 회복력, 결단력을 유지하고 긍정적인 인생관을 유지하도록 격려합니다.

관대함의 가치
: 긍정적인 영향을 미치는 방법

한 인간의 가치는 그가 무엇을 받을 수 있느냐가 아니라 무엇을 주느
냐로 판단된다.

– 알버트 아인슈타인

사람의 가치는 다른 사람으로부터 받을 수 있는 것에 의해 결
정되는 것이 아니라 사회에 기여하거나 돌려줄 수 있는 것에 의
해 결정된다는 것을 이야기한다. 다시 말해, 한 사람의 진정한 가
치의 척도는 주변의 긍정적인 영향을 미칠 수 있는 능력에 달려
있다.

사회 환원이라는 개념은 자원봉사, 자선단체 기부, 자신의 재
능과 기술을 활용해 다른 사람을 돕는 등 다양한 형태로 나타
날 수 있다. 사회에 환원함으로써 사람은 더 큰 선에 기여하고
다른 사람들의 삶에 긍정적인 변화를 가져올 수 있다.

이타심과 관대함이 배양해야 할 중요한 덕목이라는 것을 이야
기한다. 물질적 소유를 받거나 축적하는 데에만 집중하는 사람

은 이기적이거나 공감 능력이 부족한 사람으로 보일 수 있다. 반면에 다른 사람에게 베풀고 돕는 것을 우선시하는 사람은 동정심과 배려심이 많은 사람으로 여겨질 가능성이 높다.

진정한 가치는 자신을 위해 얻을 수 있는 것이 아니라 타인에게 제공할 수 있는 것에 의해 결정된다는 사실을 상기시켜 준다. 다른 사람에게 베풀고 돕는 것을 우선시함으로서 우리는 세상에 긍정적인 영향을 미치고 보다 만족스러운 삶을 살 수 있다.

사람의 가치

사람의 가치는 배경, 지위, 능력에 관계없이 모든 개인의 고유한 가치와 중요성을 의미한다. 사람은 독특하고 복합적이며 생각하고 느끼고 세상을 변화시킬 수 있는 능력을 가지고 있기 때문에 가치가 있다.

1. 다양성 : 모든 사람은 고유하며 서로 다른 관점, 경험, 배경을 가지고 있다. 이러한 다양성은 커뮤니티를 더욱 풍요롭게 하고 서로의 차이에서 배울 수 있게 해준다.
2. 관계 : 사람은 사회적 동물이며, 다른 사람과의 관계는 행복과 웰빙에 중요한 역할을 한다. 우리는 정서적 지원, 동반자

관계, 상호 이익을 위해 서로에게 의존한다.

3. 기여 : 모든 사람은 세상에 긍정적인 영향을 미칠 수 있는 잠재력을 가지고 있다. 일, 예술, 자원봉사를 통해 사람들은 지역사회에 기여하고 다른 사람들의 삶을 변화시킬 수 있다.

4. 창의성 : 사람들은 타고난 창의력과 혁신 능력을 가지고 있다. 이러한 창의성은 새로운 발명품, 아이디어, 문제 해결 방안으로 이어질 수 있다.

5. 내재적 가치 : 마지막으로, 사람은 존재한다는 이유만으로 가치가 있다. 모든 개인은 가치가 있으며 존중과 존엄성, 친절로 대우받을 자격이 있다.

전반적으로 사람의 가치는 고유한 자질, 기여도, 내재적 가치에 있다. 모든 개인을 인정하고 소중히 여김으로써 우리는 더욱 자비롭고 포용적이며 서로를 지지하는 사회를 만들 수 있다.

예를 들어보자.

인도의 독립 지도자이자 시민권 운동가인 마하트마 간디의 삶과 업적에서 이 명언을 실천에 옮긴 예를 볼 수 있습니다. 간디의 가치는 자신을 위해 무엇을 취하거나 축적할 수 있었는지가 아니라, 국가와 국민을 위해 이타적인 봉사를 통해 세상에 무엇을 베풀었는지에 따라 측정할 수 있습니다.

간디는 특히 영국의 식민 통치에 맞서 인도 국민의 권리를 위해 싸우는 데 평생을 바쳤습니다. 간디는 비폭력 시민 불복종을 정치 및 사회 변화를 위한 수단으로 사용했으며, 전 세계적으로 평화적 저항 운동에 영감을 불어넣었습니다.

간디는 평생 동안 다른 사람들을 위해 지칠 줄 모르고 자신을 바쳤습니다. 간디는 소박한 삶을 살았고 부나 물질적 소유를 축적하지 않았습니다. 대신 그는 동료 시민들을 돕고 그들의 권리를 위해 싸우는 데 집중했습니다.

간디가 인도와 세계에 기여한 바는 헤아릴 수 없을 정도로 큽니다. 비폭력 저항과 시민 불복종에 대한 그의 주창은 마틴 루터 킹 주니어와 넬슨 만델라 같은 다른 지도자들이 정의와 평등을 위해 투쟁하는 데 영감을 주었습니다.

간디의 삶과 업적을 요약하면, 사람의 가치는 무엇을 취할 수 있느냐가 아니라 무엇을 줄 수 있느냐에 따라 측정된다는 생각을 구현한 것입니다. 간디는 지역사회에 봉사하고 인민의 권리를 위해 싸우기 위해 사심 없이 자신을 바쳤으며, 전 세계에 지속적인 영향을 남겼습니다.

비교의 함정

자신을 이 세상 누구와도 비교하지 마라. 만약 그런다면, 그것은 스스로를 모욕하는 것이다.

_ 빌 게이츠

다른 사람과 비교하는 것이 해롭고 자기 패배적일 수 있음을 이야기한다. 다른 사람과 자신을 비교하는 것은 본질적으로 자신의 가치와 능력을 다른 사람과 비교하여 측정하는 것이며, 이는 부적절함, 질투, 분노를 유발할 수 있다.

다른 사람과 자신을 비교하는 것은 종종 불완전한 정보에 근거하기 때문에 특히 해로울 수 있다. 우리는 다른 사람의 어려움, 좌절 또는 개인적인 도전과 같은 다른 사람의 삶에 대한 모든 사실을 알지 못할 수도 있다. 또한, 사람마다 각자의 환경이 다르기 때문에 다른 사람과 자신을 비교하는 것은 공정하지도 현실적이지도 않다.

다른 사람과의 비교에 집중하는 대신 자신의 여정과 발전에 집중할 것을 권장한다. 우리는 최고가 되기 위해 노력하고 자신의 목표와 열망에 비추어 자신의 성장을 측정해야 한다.

우리 자신과 각자의 여정을 소중히 여기도록 상기시켜 준다. 우리 고유의 자질과 강점을 포용함으로써 비교에서 오는 부정적인 감정을 피하고 우리 자신의 가치와 성취에 감사할 수 있다.

다른 사람과 비교하는 것이 부적절한 이유

- 모든 개인은 자신의 삶을 형성하는 고유한 강점, 약점, 경험, 환경을 가지고 있다. 자신을 다른 사람과 비교하는 것은 이러한 차이를 무시하고 모든 사람이 성공을 향한 각자의 여정과 일정이 있다는 사실을 인정하지 않는 것이다.
- 다른 사람과 자신을 비교할 때, 다른 사람이 더 성공했거나 성취했다고 인식하면 열등감이나 부적절함을 느낄 수 있다. 이는 자존감을 손상시키고 낮은 자존감으로 이어질 수 있다.
- 자신을 다른 사람과 비교하는 것은 종종 자신의 약점을 다른 사람의 강점과 비교하는 것을 포함하며, 이는 공정한 비교가 아니다. 또한 다른 사람의 배경, 경험, 직면한 어려움에 대한 모든 정보를 알지 못할 수도 있기 때문에 다른 사람과 자신을 정확하게 비교하는 것도 어려울 수 있다.

- 다른 사람에게 집중하면 자신의 목표와 발전에서 멀어질 수 있으며, 개인적 성장의 잠재력을 제한할 수 있다. 자신의 발전과 학습에 집중함으로써 자신의 잠재력을 발휘하고 자신의 목표를 달성하기 위해 노력할 수 있다.

- 궁극적으로 다른 사람과 자신을 비교하는 것은 불필요하다. 다른 사람에게 집중하는 대신 자신의 발전과 성장에 집중할 수 있다. 우리는 자신의 성취를 축하하고 다른 사람의 성공을 영감과 동기로 삼아 자신의 목표를 향해 계속 노력할 수 있다.

몇 가지 예를 들어보자.

- 인스타그램이나 페이스북과 같은 소셜 미디어 플랫폼은 비교의 온상이 될 수 있습니다. 사람들은 종종 이러한 플랫폼에서 자신의 하이라이트를 보여주며 종종 비현실적인 버전의 삶을 보여줍니다. 이러한 피드를 스크롤하면 부적절하다는 느낌과 다른 사람들을 따라잡아야 한다는 압박감이 생길 수 있습니다.

- 직장 동료나 동료들과 자신을 비교하는 것도 해로울 수 있습니다. 다른 사람의 업적과 비교하여 자신의 성취를 끊임없이 측정하다 보면 자신만의 고유한 재능과 공헌을 간과할 수 있습니다. 이는 번아웃과 경력에 대한 성취감 부족으로 이어질 수 있습니다.

- 개인적인 관계에서 다른 사람과 자신을 비교하는 것도 해로울 수 있습니다. 예를 들어, 연인을 다른 사람과 끊임없이 비교하다 보면 우리 관계의 고유한 특성과 강점을 간과할 수 있습니다. 이는 불만족스러운 감정과 우리가 가진 것에 대한 감사함의 결여로 이어질 수 있습니다.

이러한 각각의 예에서 타인과의 비교는 부정적인 감정과 자신의 가치와 성취에 대한 감사 부족으로 이어질 수 있습니다. 대신 자신의 여정과 발전에 집중하고 자신만의 고유한 강점과 성취를 축하하기 위해 노력해야 합니다.

나만의 자질 인정하기
: 자신감과 개인적 성장을 향상시키는 방법

자신이 특별한 인재라는 자신감만큼 유익하고 유일한 것은 없다.

_ 데일 카네기

우리 자신의 자질과 능력에 대한 강한 자존감과 믿음을 갖는 것이 개인적, 직업적 성공에 매우 중요하다는 것을 이야기한다.

자신에 대한 자신감이 있으면 위험을 감수하고 목표를 추구하며 탄력적이고 결단력 있게 좌절에 대처할 가능성이 높아진다. 이는 도전을 극복하고 성공을 이룰 수 있는 자신의 능력을 믿기 때문이다.

특별하다고 느끼거나 독특함을 느끼는 것도 강력한 동기 부여가 될 수 있다. 자신만의 고유한 자질과 강점을 인식하고 소중히 여길 때, 자신의 관심사와 열정에 부합하는 활동과 직업을 추구할 가능성이 높아진다. 이는 삶의 더 큰 성취감과 행복으로 이어질 수 있다.

우리 자신의 독특함과 특별한 자질에 대한 자신감이 성공과 성취의 강력한 원동력이 될 수 있음을 이야기한다. 자신을 믿을 때 우리는 열정과 결단력을 가지고 목표와 꿈을 추구할 가능성이 높아지며, 궁극적으로 자신의 방식대로 성공을 이룰 수 있다.

자신감이 중요한 이유

자신감은 여러 가지 이유로 중요하다.

1. 목표 달성 : 자신감이 있으면 열정과 결단력을 가지고 목표를 추구할 가능성이 높아진다. 위험을 감수하고 새로운 것을 시도할 가능성이 높아지며, 이는 새로운 기회와 경험으로 이어질 수 있다. 반대로 자신감이 부족하면 목표 달성을 주저하게 되고 원하는 결과를 달성하는 데 도움이 될 수 있는 기회를 놓칠 수 있다.

2. 관계 구축 : 자신감은 다른 사람들과 더 강하고 긍정적인 관계를 구축하는 데도 도움이 된다. 자신감이 있으면 자기주장을 분명히 하고 자신을 대변할 가능성이 높아져 명확한 경계를 설정하고 타인의 존경을 받는 데 도움이 될 수 있다. 또한 자신감은 전염될 수 있으며, 사람들은 종종 자신감과 긍정성을 발산하는 사람에게 끌린다.

3. 스트레스 관리 : 자신에 대한 자신감이 있으면 스트레스가 많은 상황에 더 잘 대처할 수 있다. 어려운 상황에 직면했을 때 침착하고 집중력을 유지하는 데 도움이 될 수 있는 자신의 능력을 믿을 가능성이 높기 때문이다. 반대로 자신감이 부족하면 불안과 스트레스에 더 취약해져 압박감 속에서도 업무 수행 능력을 발휘하는 데 방해가 될 수 있다.

4. 정신 건강 개선 : 마지막으로, 자신감은 전반적인 정신 건강과 웰빙에 중요하다. 자신과 자신의 능력을 믿을 때, 우리는 긍정적인 자존감을 가질 가능성이 높아진다. 이는 삶에서 더 행복하고 성취감을 느끼는 데 도움이 될 수 있으며, 신체 건강 개선에도 기여할 수 있다.

자신감은 목표 달성, 긍정적인 관계 구축, 스트레스 관리, 전반적인 정신 건강 및 웰빙 개선에 중요하다. 자신에 대한 강한 자신감과 믿음을 키우면 더 행복하고 만족스러운 삶을 영위할 수 있으며 개인적, 직업적 목표에서 더 큰 성공을 거둘 수 있다.

몇 가지 예를 들어보자.

• 성공한 기업가들은 자신만의 독특한 아이디어와 능력에 대한 강한 자신감을 가지고 있는 경우가 많습니다. 이들은 다른 사람의 비판이나 의심에도 불구하고 기꺼이 위험을 감수하고 자신의 열정을 추구합니다. 예를 들어, 애플의 공동 창립자인 스티브 잡스는 회사에 대한 자신

의 비전에 대한 강한 믿음이 있었으며, 자신의 아이디어를 실현하기 위해 기꺼이 위험을 감수했습니다.

• 성공한 많은 운동선수들은 자신의 능력과 독특한 재능에 대한 강한 자신감을 가지고 있습니다. 다른 사람들이 자신을 의심할 때에도 자신을 믿고 목표를 달성하기 위해 기꺼이 열심히 노력합니다. 예를 들어, 역대 최고의 테니스 선수 중 한 명인 세레나 윌리엄스는 역경 속에서도 자신과 자신의 능력을 믿는 것의 중요성에 대해 이야기한 바 있습니다.

• 성공한 아티스트는 자신만의 독특한 스타일과 창의적인 비전에 대한 강한 자신감을 가지고 있는 경우가 많습니다. 이들은 기존의 규범이나 기대에 어긋나더라도 기꺼이 위험을 감수하고 자신만의 아이디어를 추구합니다. 예를 들어 멕시코의 유명한 화가 프리다 칼로는 자신의 개인적인 경험과 투쟁을 반영한 독특한 스타일과 대담하고 생동감 넘치는 그림으로 유명합니다.

이 모든 사례에서 자신만의 독특한 자질과 능력에 대한 자신감을 갖는 것이 성공과 성취를 이루는 데 핵심적인 요소였습니다. 이들은 자신만의 특별함과 독특함을 받아들임으로써 열정을 추구하고 도전을 극복하며 궁극적으로 목표를 달성할 수 있었습니다.

자신감의 중요성
: 삶에 의미와 목적을 부여하는 방법

이 삶에서 우리가 자신감을 가지지 못한다면 살아야 할 충분한 이유
가 없다.

_ 레오 톨스토이

    자신감이 만족스러운 삶을 위한 기본 조건임을 이야기한다. 자
신감이 없으면 삶의 의미와 목적을 잃고 계속 살아야 할 이유를
찾기 어렵다는 뜻이다.

    자신감은 개인이 자신의 능력, 강점, 판단을 믿는 마음의 상태
이다. 자신감은 자존감과 밀접한 관련이 있다. 자신감이 부족하
면 자신의 결정을 의심하게 되고, 이는 불확실성, 불안감, 부적절
감으로 이어질 수 있다.

    자신감 부족은 대인 관계부터 커리어에 이르기까지 삶의 모든
영역에 영향을 미칠 수 있다. 잠재력을 제한하고, 목표를 추구하
지 못하게 하며, 위험을 감수하고 새로운 것을 시도하는 데 방해
가 될 수 있다.

자신감이 도전에 직면하고 장애물을 극복할 수 있는 용기를 주기 때문에 우리가 살아가야 하는 이유에 필수적이라는 것을 이야기한다. 자신감은 우리 자신과 삶의 복잡성을 헤쳐 나갈 수 있는 능력을 믿게 해준다. 자신감은 위험을 감수하고, 결정을 내리고, 신념과 결단력을 가지고 꿈을 추구할 수 있게 해준다.

자신감이 만족스러운 삶을 위한 중요한 요소라는 것을 의미한다. 자신감이 없으면 인생은 목적이 없고 무의미하게 느껴질 수 있다. 자신감은 인생의 도전과 기회를 포용할 수 있게 해주며, 우리가 살아가야 하는 이유에 필수적인 자질이다.

만족스러운 삶을 살기 위해 필요한 조건

만족스러운 삶이란 사람마다 다른 의미를 가질 수 있는 주관적인 경험이다. 하지만 만족스러운 삶과 관련된 몇 가지 공통적인 특징이 있다. 다음은 만족스러운 삶을 사는 데 기여하는 5가지 요소이다.

1. 의미와 목적 : 만족스러운 삶을 살기 위해서는 의미와 목적의식이 필요하다. 여기에는 우리에게 중요한 것이 무엇인지 파악하고 우리의 가치와 관심사에 맞는 목표를 설정하는 것이 포함된다. 명확한 목적의식이 있을 때 우리는 삶에 동기

부여와 참여, 성취감을 느낄 가능성이 높아진다.

2. 긍정적인 관계 : 다른 사람과의 관계는 행복감과 성취감에 중요한 역할을 한다. 가족, 친구, 커뮤니티와 긍정적인 관계를 형성하면 소속감, 지원, 기쁨을 얻을 수 있다.

3. 개인적 성장 : 만족스러운 삶에는 지속적인 개인적 성장과 개발이 포함된다. 여기에는 새로운 기술을 배우고, 열정을 추구하고, 안전지대를 벗어나기 위한 도전이 포함될 수 있다. 개인적 성장은 삶의 자신감, 능력, 성취감을 높이는 데 도움이 될 수 있다.

4. 건강과 웰빙 : 신체적, 정신적 건강을 돌보는 것은 만족스러운 삶을 위해 매우 중요하다. 여기에는 균형 잡힌 식단 섭취, 충분한 수면, 활동적인 생활, 필요할 때 도움 요청 등이 포함된다. 건강을 우선시할 때, 우리는 어려움에 직면했을 때 더 활기차고 집중력 있고 회복탄력성을 느낄 수 있다.

5. 공헌 : 마지막으로, 만족스러운 삶을 산다는 것은 나 자신보다 더 큰 무언가에 기여하는 것을 포함한다. 여기에는 지역사회에 환원하거나 자원봉사를 하거나 어떤 식으로든 세상에 긍정적인 영향을 미치는 것이 포함될 수 있다. 대의를 위해 기여할 때 우리는 삶의 목적의식과 성취감을 느낄 수 있다.

만족스러운 삶이란 의미와 목적을 찾고, 긍정적인 관계를 형성하고, 개인적인 성장을 추구하고, 건강과 웰빙을 돌보고, 세상에 긍정적인 기여를 하는 것이다. 만족스러운 삶을 살기 위한 특별한 접근법은 없지만, 이러한 영역에 집중하면 보다 의미 있고 만족스러운 삶의 경험을 만드는 데 도움이 될 수 있다.

만족스러운 삶을 위해 자신감이 얼마나 중요한지 보여주는 몇 가지 예를 들어보자.

- 커리어 관리 : 자신감은 직장에서 매우 중요합니다. 자신의 기술과 능력에 자신감이 있으면 새로운 도전에 나서고, 승진을 추구하며, 자신을 옹호할 가능성이 높아집니다. 반면에 자신감이 부족하면 기회를 기피하고 커리어를 발전시키는 데 어려움을 겪을 수 있습니다.

- 개인적인 관계 : 자신감은 대인 관계에도 영향을 미칠 수 있습니다. 자신감이 있으면 자신의 경계를 주장하고 효과적으로 의사소통하며 건강한 관계를 형성할 가능성이 높아집니다. 반대로 자신감이 부족하면 자신의 필요를 표현하는 데 어려움을 겪을 수 있으며 관계에서 건강하지 못한 역학 관계를 용인할 수 있습니다.

- 정신 건강 : 자신감은 정신 건강에도 매우 중요합니다. 자신감이 부족하면 불안, 우울증, 낮은 자존감을 경험할 수 있습니다. 반면에 자신감이 있으면 도전에 직면했을 때 긍정적이고 의욕적이며 탄력적인 태도를 보일 가능성이 높습니다.

- 시도 : 마지막으로, 자신감은 새로운 것을 시도하고 새로운 경험을 탐구하는 데 필수적입니다. 새로운 장소로 여행을 가거나 새로운 취미를 가지거나 새로운 커리어 경로를 시도할 때 자신감은 안전지대에서 벗어나 새로운 기회를 받아들일 수 있는 용기를 줍니다. 자신감이 없으면 삶을 풍요롭게 할 수 있는 흥미롭고 보람 있는 경험을 놓칠 수 있습니다.

자신감 있게 행동하기
: 자기 의심을 극복하고 목표를
달성하는 데 도움이 되는 방법

자신감은 성공의 열쇠다. 그리고 때때로 당신 스스로 자신감이 없더라도 자신감이 있는 것처럼 행동할 필요가 있다.

_ 바네사 허진스

긍정적이고 자신감 있는 마음가짐이 인생에서 성공하는 데 매우 중요하다는 것을 이야기한다. 자신감은 자신의 능력, 성공할 수 있는 잠재력에 대한 믿음이다. 자신감이 있으면 위험을 감수하고 결단력 있게 목표를 추구하며 장애물을 극복할 가능성이 높아진다.

하지만 모든 사람이 자연스럽게 높은 수준의 자신감을 가지고 있는 것은 아니다. 때때로 우리는 불확실성을 느끼거나 자신의 능력을 의심하거나 삶의 특정 영역에서 자신감이 부족할 수 있다. 바로 이때 두 번째 부분이 중요합니다.

'때로는 자신감이 없더라도 자신감이 있는 것처럼 행동할 필요가 있다."

즉, 어떤 상황에서는 속으로는 그렇게 느끼지 않더라도 자신감 있는 모습을 보여야 할 수도 있다는 뜻이다. 자신감을 투영함으로써 긍정적인 인상을 남기고 다른 사람에게 신뢰를 불러일으키며 성공 가능성을 높일 수 있다. 완전히 자신감이 없더라도 자신감이 있는 것처럼 행동하면 시간이 지남에 따라 추진력을 얻고 진정한 자신감을 쌓는 데 도움이 될 수 있다.

예를 들어, 어떤 사람이 대중 앞에서 연설을 하고 싶지만 긴장되고 자신감이 없다고 느낀다고 가정해 보자. 자신감이 있는 것처럼 행동하고, 눈을 마주치고, 목소리를 투영함으로써 해당 주제에 대해 편안하고 지식이 풍부하다는 인상을 줄 수 있다. 시간이 지남에 따라 스피치 경험이 쌓이고 긍정적인 피드백을 받으면 자신감이 커질 수 있다.

결론적으로, 위의 명언은 자신감이 성공에 필수적이지만 때로는 마음속으로는 자신감을 느끼지 못하더라도 자신감이 있는 것처럼 행동해야 할 수도 있다는 것을 이야기한다. 자신감을 투영함으로써 성공 가능성을 높이고 추진력을 키우며 궁극적으로 시간이 지남에 따라 진정한 자신감을 얻을 수 있다.

면접을 예로 들어보자.

꿈에 그리던 직장을 구하기 위해 면접을 보지만 긴장되고 자신감이 없다고 느끼는 사람이 있다고 가정해 봅시다. 자신의 자격을 의심하고, 좋은 인상을 남기는 것에 대해 걱정하고, 외모나 커뮤니케이션 기술에 대해 자의식을 느낄 수 있습니다. 하지만 자신감을 보이는 것이 면접관에게 긍정적인 인상을 심어주고 취업 가능성을 높이는 데 중요하다는 것을 알고 있습니다.

자신감 있게 행동하기 위해 면접 기술을 미리 연습하고, 회사와 직무에 대해 조사하고, 전문적으로 옷을 입고, 긍정적이고 자신감 있는 태도로 면접장에 도착할 수 있습니다. 긴장이 되더라도 눈을 마주치고, 똑바로 앉고, 명확하고 자신감 있게 말하는 등의 바디랭귀지를 사용하여 자신이 해당 직무에 적합한 지원자임을 전달할 수 있습니다.

자신감을 투영함으로써 면접관에게 깊은 인상을 남기고 긍정적인 인상을 심어주어 궁극적으로 채용 제안을 받을 수 있습니다. 시간이 지남에 따라 새로운 역할에 대한 경험을 쌓고 긍정적인 피드백을 받으면 진정한 자신감이 커지고 자신의 능력에 대해 더 편안하고 자신감을 가질 수 있습니다.

이 예에서 이 사람은 처음에는 마음속으로는 그렇게 느끼지 못하더라도 성공을 달성하는 데 있어 자신감이 얼마나 중요한지 보여줍니다. 자신감이 있는 것처럼 행동하고 긍정적인 태도를 투영함으로써 성공 가능성을 높이고 궁극적으로 시간이 지남에 따라 진정한 자신감을 쌓을 수 있습니다.

자신감 상실의 위험성
: 자신감 상실이 잠재력을 제한한다

나 자신에 대한 자신감을 잃으면 온 세상이 나의 적이 된다.

_ 랄프 왈도 에머슨

자신감이 부족하면 세상과 주변 사람들을 부정적인 시각으로 인식하게 될 수 있음을 이야기한다. 다시 말해, 우리 자신의 자기 의심은 세상에 대한 인식에 색을 입히고 중립적이거나 긍정적인 상호작용조차 적대적이거나 부정적인 것으로 간주하게 만들 수 있다.

자신에 대한 확신이 부족하면 목표를 달성할 능력이나 가치가 없다고 느낄 수 있으며, 이로 인해 장애물과 도전을 극복할 수 없는 것으로 간주할 수 있다. 또한 다른 사람의 행동과 말이 의도된 의미가 아닐지라도 비판이나 거부로 해석할 가능성이 더 커질 수 있다.

그 결과 방어적이 되거나 위축되어 긍정적인 관계를 형성하거나 목표를 달성하는 데 어려움을 겪을 수 있다. 따라서 낙관적이고 회복탄력성을 가지고 도전에 접근하고 다른 사람들과 보다 건설적이고 긍정적인 방식으로 상호 작용할 수 있도록 자신감을 키우고 긍정적인 시각을 기르는 것이 중요하다.

자신감이 부족할 때 어떻게 해야 할까?

낮은 자신감으로 어려움을 겪고 있다면, 자존감을 향상하고 자신감을 높이기 위해 할 수 있는 몇 가지 방법이 있다.

1. 자신의 강점 파악 : 자신의 기술, 재능, 업적에 대한 목록을 작성해 보자. 이를 통해 자신의 능력을 인식하고 자존감을 키울 수 있다.

2. 달성 가능한 목표 설정 : 현실적이고 달성 가능한 목표를 설정하고 이를 향해 노력해 보자. 이러한 목표를 달성하면 자신감과 자존감을 키우는 데 도움이 될 수 있다.

3. 철저한 자기 관리 : 신체적, 정신적 건강을 돌보면 자신에 대해 더 나은 느낌을 가질 수 있다. 충분한 수면을 취하고, 잘 먹고, 기분을 좋게 하는 활동에 참여해 보자.

4. 가까운 지인과 시간 보내기 : 나를 좋아하고 격려해주는 사람들과 시간을 보내보자. 자신을 실망시키거나 기분을 나쁘

게 만드는 사람은 피하는 게 좋다.

5. 긍정적인 생각 : 부정적인 자기 대화를 인식하고 이에 도전해 보자. 부정적인 생각을 긍정적인 생각으로 바꾸고 자신의 강점과 성취에 집중하자.

6. 위험 감수 : 안전지대를 벗어나 새로운 경험에 도전해 보자. 실패하더라도 시도하는 행위 자체가 자신감을 키우는 데 도움이 될 수 있다.

7. 전문가에게 도움 요청하기 : 자신감 부족이 일상 생활에 영향을 미치거나 심각한 고통을 유발한다면 치료사나 상담사의 도움을 받는 것이 좋다. 이들은 자신감을 키우고 정신 건강을 개선하는 데 도움이 되는 지원과 안내를 제공할 수 있다.

자신감을 키우는 것은 시간과 노력이 필요한 과정이라는 점을 기억하자.

실직자를 예로 들어보자.

실직하고 새로운 일자리를 찾기 위해 노력하는 사람을 들 수 있습니다. 자신의 능력과 가치에 대한 자신감이 부족한 사람은 온 세상이 자신에게 불리하다고 느끼기 시작할 수 있습니다.

자신이 다른 직장을 구하기에 충분하지 않거나 다른 사람들이 고의적으로 구직 노력을 방해하고 있다고 믿기 시작할 수 있습니다. 잠재적 고용주의 피드백이 건설적인 것이라도 거부나 비판으로 해석할 수 있습니다.

부정적인 자기 대화와 자신감 부족은 친구나 가족과의 관계에도 영향을 미쳐, 친구나 가족이 자신을 부정적이거나 지나치게 예민한 사람으로 인식할 수 있습니다. 이는 고립감과 거부감으로 이어져 세상이 자신의 적이라는 믿음을 강화할 수 있습니다.

이러한 상황에서는 당사자가 자신감과 회복력을 키우기 위해 노력하는 것이 중요합니다. 자신의 강점과 성취를 파악하고, 달성 가능한 목표를 설정하고, 긍정적인 사람들의 지원을 구하고, 부정적인 자기 대화에 도전함으로써 이를 달성할 수 있습니다. 이러한 조치를 취함으로써 세상을 보다 긍정적인 시각으로 바라보고 낙관적이고 결단력 있게 도전에 접근할 수 있습니다.

자기 믿음의 힘
: 성공으로 이어지는 방법

자신의 능력을 믿어야 한다. 그리고 끝까지 굳세게 밀고 나가라.

_ 로잘린 카터

성공을 이루기 위한 자신감과 인내의 중요성을 강조한다.

자신의 능력을 믿는다는 것은 자신의 기술, 지식, 경험에 대한 자신감을 갖는 것을 의미한다. 자신을 믿으면 위험을 감수하고 새로운 것을 시도하며 결단력과 열정을 가지고 목표를 추구할 가능성이 높아진다.

하지만 자신을 믿는 것만으로는 충분하지 않다. 성공을 이루기 위해서는 도전과 좌절을 기꺼이 극복할 수 있어야 한다. 이는 장애물에 직면했을 때 회복력을 발휘하고, 목표에 집중하며, 힘든 상황에서도 인내하는 것을 의미한다.

끝까지 밀고 나가려면 끈기, 결단력, 회복탄력성의 조합이 필요하다. 이는 역경에 직면해도 포기하지 않고, 진전이 더디거나 어려울 때에도 목표를 향해 계속 노력하는 것을 의미한다.

자신의 능력을 믿고 끝까지 밀고 나간다면 아무리 어려운 도전도 극복하고 위대한 업적을 이룰 수 있다. 이를 위해서는 성장 마인드, 실패와 좌절에서 배우려는 의지, 꿈을 포기하지 않겠다는 약속이 필요하다.

자신감과 인내심의 중요성

자신감과 인내심은 삶의 모든 영역에서 성공을 거두는 데 밀접한 관련이 있는 두 가지 중요한 특성이다. 그 이유는 다음과 같다.

- 자신감 : 자신감은 자신과 자신의 능력에 대한 믿음이다. 자신감은 위험을 감수하고, 새로운 것을 시도하고, 결단력과 열정을 가지고 목표를 추구할 수 있게 해주기 때문에 성공의 기초가 된다. 자신감이 있으면 도전을 극복하고 좌절에서 다시 일어설 수 있으며 궁극적으로 원하는 결과를 얻을 가능성이 높아진다.
- 인내심 : 인내란 장애물과 도전에 직면했을 때 끈기 있게 버티는 능력이다. 인내심은 일이 어렵거나 진척이 느릴 때에도

계속 나아가려는 결단력이다. 인내는 포기하기 쉬울 때에도 좌절을 극복하고 목표를 향해 계속 노력할 수 있게 해주기 때문에 중요하다.

자신감과 인내심은 함께하면 목표와 꿈을 달성하는 데 도움이 되는 강력한 조합을 이룰 수 있다. 자신의 능력에 대한 자신감이 있으면 도전과 좌절에 직면했을 때 인내할 가능성이 높아진다. 그리고 인내할 때 성공할 수 있다는 자신감이 생기고, 이는 계속 나아갈 수 있는 동기를 부여한다.

자신감과 인내심이 없으면 장애물에 부딪혔을 때 낙담하거나 포기하기 쉽다. 하지만 이러한 특성을 키우면 삶의 모든 영역에서 도전을 극복하고 성공을 거두는 데 필요한 회복력과 결단력을 기를 수 있다.

몇 가지 예를 들어보자.

- 오프라 윈프리 : 오프라는 역사상 가장 성공한 미디어 거물 중 한 명이지만 성공의 길은 결코 쉽지 않았습니다. 그녀는 가난하게 자랐고 첫 직장에서 해고당하는 등 평생 동안 수많은 장애물에 직면했습니다. 하지만 그녀는 미디어인이 되겠다는 꿈을 포기하지 않았고 목표를 이룰 때까지 계속 노력했습니다.

• 마이클 조던 : 마이클 조던은 역사상 가장 위대한 농구 선수 중 한 명으로 널리 알려져 있지만, 하루아침에 성공을 거둔 것은 아닙니다. 그는 고등학교 농구부 시절 1군에서 탈락하는 일을 겪습니다. 승부욕이 강했던 조던은 1군에서 떨어지면서 자존심에 굉장한 상처를 입었지만 이는 자신의 실력을 향상시키겠다는 결심을 더욱 강하게 만들었습니다. 자신의 능력에 대한 확고한 믿음과 열심히 노력한 덕분에 그는 대학과 NBA에서 스타 플레이어가 되었습니다.

• 말랄라 유사프자이 : 말랄라는 탈레반의 반대에도 불구하고 여아 교육에 대한 옹호로 유명해진 파키스탄의 운동가입니다. 2012년 탈레반 총격범이 쏜 총에 머리에 맞았지만 살아남아 전 세계에서 여아 교육에 대한 옹호 활동을 이어가고 있습니다. 그녀는 2014년 노벨 평화상을 수상했으며 수백만 명의 사람들에게 희망과 회복력의 상징이 되었습니다.

이 모든 사람들은 자신의 능력을 믿고 도전과 좌절에 맞서 인내했습니다. 이들은 열심히 일하고 자신을 믿으며 꿈을 포기하지 않는 사람이라면 누구나 성공할 수 있다는 것을 보여줍니다.

선입견 깨기
: 목표 달성을 위한 열쇠

결승선에 대한 어떤 정해진 생각이 있었다면 내가 그 결승선을 이미

몇 년 전에 넘었을 거라고 생각하지 않으세요?

_ 빌 게이츠

성공 또는 '결승선'에 대한 고정되고 미리 정해진 생각을 갖는 것이 잠재력을 제한하고 발전을 방해할 수 있음을 이야기한다. '결승선에 대해 정해진 생각이 있다면'이라는 말은 그 사람이 새로운 가능성에 열려 있고 계속해서 탐구하고 성장할 의지가 있다는 것을 의미한다.

성공이나 최종 목표에 대한 고정된 생각이 있으면 현실에 안주하여 더 많은 것을 위해 노력하는 것을 멈출 수 있다. 또한 성공의 모습에 대한 선입견에 맞지 않는 기회를 놓칠 수도 있다. 새로운 가능성을 열어두면 목표를 달성하기 위한 다양한 경로와 방법을 발견할 가능성이 높아진다.

성공이란 고정된 목적지가 아니라 계속되는 여정이며, 우리의

잠재력을 최대한 발휘하기 위해서는 열린 마음과 적응력을 유지하는 것이 중요하다는 것을 이야기한다.

비슷한 의미의 명언에 대해 알아보자.

당신이 가진 유일한 한계는 당신이 믿는 한계입니다. _웨인 다이어

인생에서 가장 큰 영광은 넘어지지 않는 것이 아니라 넘어질 때마다 다시 일어서는 것이다. _넬슨 만델라

성공은 끝이 아니며 실패는 치명적인 것이 아니다. 중요한 것은 지속하고자 하는 용기다. _윈스턴 처칠

위대한 일을 하는 유일한 방법은 자신이 하는 일을 사랑하는 것입니다. _스티브 잡스

이 모든 명언은 성공이란 고정된 목적지가 아니라 끈기, 열린 마음, 실패로부터 배우고 새로운 기회에 적응하려는 의지가 필요한 지속적인 여정이라는 생각을 전달합니다. 또한 성공이란 특정 목표나 종착점을 달성하는 것이 아니라 성장과 자기 계발의 과정이라는 것을 이야기합니다.

믿음의 힘
: 미래 설계하기

당신이 할 수 있다고 믿든, 할 수 없다고 믿든, 당신이 믿는 대로 될
것이다.

_ 헨리 포드

믿음의 힘과 그것이 우리 삶에 미칠 수 있는 영향에 대해 이야
기한다. 자신의 능력에 대한 믿음이 목표를 달성할 수 있게 하거
나 잠재력을 최대한 발휘하지 못하게 제한할 수 있음을 이야기
한다.

우리가 무언가를 성취할 수 있다고 믿는다면, 그것을 현실로
만들기 위해 행동할 가능성이 더 높다. 장애물과 좌절을 극복할
수 있다는 강한 믿음이 있기 때문에 장애물과 좌절을 극복할 가
능성이 더 높다. 이는 성공에 필요한 기술과 습관을 개발하는 데
도움이 될 수 있다.

반면에 무언가를 이룰 수 없다고 생각하면 시도조차 하지 않
을 수 있다. 장애물이나 도전에 직면했을 때 이를 극복할 능력이

없다고 믿기 때문에 쉽게 포기할 수 있다. 이는 기회를 놓치고 개인적인 성장의 부족으로 이어질 수 있다.

자신과 자신의 능력에 대한 믿음은 우리의 행동을 형성하고 궁극적으로 우리의 결과를 결정할 수 있다. 그렇기 때문에 긍정적인 신념을 키우고 잠재력을 최대한 발휘하는 데 방해가 될 수 있는 부정적인 신념에 도전하는 것이 중요하다.

믿음의 힘이 우리 삶에 미치는 영향

다음은 믿음의 힘이 우리 삶에 미치는 몇 가지 영향이다.

1. 목적의식 제공 : 신앙은 우리에게 삶의 방향과 목적의식을 제공한다. 신앙은 세상에서 자신의 위치, 다른 사람과의 관계, 경험의 의미를 이해하는 데 도움이 될 수 있다.

2. 위안 제공 : 신앙은 고난, 슬픔, 상실의 시기에 위로와 위안을 줄 수 있다. 더 높은 힘이나 신성한 계획을 믿는 것은 고통 속에서 의미를 찾고 견딜 수 있는 힘을 주는 데 도움이 될 수 있다.

3. 긍정적인 행동 장려 : 신앙은 특정 가치와 신념에 따라 살도록 격려할 수 있다. 이는 친절, 연민, 용서, 관대함과 같은 긍

정적인 행동으로 이어질 수 있다.

4. 공동체 의식 : 신앙은 사람들을 하나로 모으고 공동체 의식을 키울 수 있다. 종교 기관은 사람들이 자신의 신념과 가치를 공유하는 다른 사람들과 연결될 수 있는 공간을 제공한다.

5. 자신감 회복 : 신앙은 우리 자신과 세상을 위해 더 나은 미래에 대한 희망을 불러일으킬 수 있다. 꿈을 추구할 수 있는 용기와 장애물과 도전을 극복할 수 있다는 자신감을 줄 수 있다.

믿음의 힘은 우리의 신념, 가치관, 행동을 형성하여 우리 삶에 지대한 영향을 미칠 수 있다. 믿음은 개인적이고 주관적인 경험이지만, 다양한 방식으로 우리의 삶을 풍요롭게 할 수 있는 연결감, 목적, 의미를 제공할 수 있다.

예를 들어보자.

오로저 배니스터라는 사람에 대한 유명한 이야기가 있는데, 그는 이전에 한 번도 해본 적이 없는 일을 할 수 있다고 믿었습니다. 1950년대 초까지만 해도 1마일(1.609344km)을 4분 이내에 완주한 사람은 아무도 없었습니다. 많은 사람들이 불가능하다고 믿었고, 스포츠 과학자들은 이 기록은 깨뜨릴 수 없는 물리적 장벽이라고 주장했습니다.

하지만 의대생이자 아마추어 러너였던 배니스터는 자신이 해낼 수 있다고 믿었습니다. 그는 지칠 줄 모르는 훈련을 통해 속도, 지구력, 정신 집중력을 키웠습니다. 그는 결승선을 통과하는 자신의 모습을 상상하며 얼굴에 부는 바람을 느끼고 누구도 해내지 못한 일을 성취했을 때의 짜릿함을 느꼈습니다.

1954년 5월 6일, 배니스터는 옥스퍼드 대학교의 이플리 로드 스타디움 트랙에 발을 디뎠습니다. 날씨는 시원했고 바람도 잔잔했습니다. 배니스터는 3분 59.4초로 1마일을 완주하며 역사상 처음으로 4분대의 벽을 깼습니다. 관중들은 환호성을 질렀고 배니스터는 순식간에 영웅이 되었습니다.

배니스터는 육체적인 성취뿐만 아니라 정신적인 성취도 이뤄냈습니다. 그는 다른 사람들이 불가능하다고 말했던 일을 할 수 있다고 믿었고, 그것을 현실로 만들었습니다. 그의 이야기는 우리의 신념과 태도가 우리의 능력과 성취에 강력한 영향을 미칠 수 있다는 것을 보여줍니다. 할 수 있다고 믿든 불가능하다고 믿든, 우리는 우리가 믿는 대로 될 가능성이 더 높습니다.

배니스터의 성취 이후 다른 많은 러너들이 4분대의 벽을 깨고 불가능하다고 여겨졌던 기록이 이제 도달할 수 있는 수준임을 보여주었습니다. 배니스터의 이야기는 믿음과 결단력, 그리고 도전을 극복하고 위대한 일을 성취하는 인간 정신의 힘을 보여주는 증거입니다.

2부

도전하기

행동의 자유
: 성취로 이어지는 방법

난 위험에 대해 그리 많이 생각지 않는다. 난 그저 내가 하고 싶은
것을 할 뿐이다. 앞으로 나아가야한다면, 나아가면 된다.

― 릴리언 카터

목표를 추구하거나 행동을 취할 때 수반되는 위험에 대해 지
나치게 염려하지 않는다는 것을 이야기한다. 대신, 그들은 자신
의 욕망을 우선시하고 앞으로 나아가기 위해 과감한 행동을 기
꺼이 취한다.

불확실성과 위험에 직면하더라도 행동을 취하고 목표를 추구
하는 것이 중요하다는 점을 강조한다. 욕망의 우선순위를 정하
고 과감한 행동을 취함으로써 두려움과 망설임을 극복하고 목표
를 향해 의미 있는 진전을 이룰 수 있다는 것을 이야기한다.

모든 행동의 위험과 이점을 비교하는 것은 중요하지만, 지나치
게 위험을 회피하면 목표를 달성하는 데 필요한 과감한 조치를
취하지 못할 수 있다. 반대로, 다소 위험이 수반되더라도 행동을

취하고 앞으로 나아가는 것은 힘을 실어주고 궁극적으로 더 큰 성공과 성취로 이어질 수 있다.

　물론 사려 깊고 신중하게 행동하고, 자신이나 타인을 위험에 빠뜨릴 수 있는 불필요한 위험을 감수하지 않는 것이 중요하다. 계산된 위험을 감수하고 결단력 있게 목표를 추구하려는 의지가 성장과 성취를 위한 강력한 힘이 될 수 있음을 이야기한다.

욕망의 우선순위

　욕망의 우선순위를 정한다는 것은 다양한 욕구와 필요 중에서 가장 중요하거나 시급한 것이 무엇인지 판단하고 그에 따라 시간, 에너지, 자원을 배분하는 과정을 말한다. 이는 목표를 달성하고 만족스러운 삶을 살기 위한 필수적인 기술이다.

　개인의 가치관, 현재 상황, 장기적인 포부 등 다양한 요인에 의해 영향을 받을 수 있다. 예를 들어, 재정적 안정을 중시하는 사람은 여행이나 취미 생활과 같은 다른 욕구보다 돈을 저축하고 경력을 쌓는 것을 우선순위로 삼을 수 있다. 반면에 개인적인 성장과 배움을 중시하는 사람은 물질적 소유나 사회적 지위보다 교육과 자기 계발을 우선시할 수 있다.

　욕망의 우선순위를 정하는 과정에는 다양한 욕구와 필요를 파악하고, 상대적 중요도와 시급성을 평가하며, 시간과 자원을 어떻게 배분할지 의도적으로 결정하는 것이 포함된다. 이를 위해서는 자기 인식, 목표 설정, 어려운 선택과 절충을 할 수 있는 능력이 필요하다.

우리에게 가장 중요한 일에 에너지와 자원을 집중하고 우리의 가치와 열망에 부합하는 삶을 살 수 있도록 해주기 때문에 개인의 성장과 성공의 핵심적인 요소이다.

예를 들어보자.

자신의 사업을 시작하는 것을 꿈꿔온 사라라는 젊은 여성이 있었습니다. 그녀는 제빵에 대한 열정이 있었고 독특하고 장인의 손길이 담긴 페이스트리를 전문으로 하는 베이커리를 열고 싶었습니다.
제빵에 대한 열정에도 불구하고 사라는 과감하게 사업을 시작하는 것을 주저했습니다. 재정적 위험에 대한 걱정과 함께 자신의 페이스트리가 성공하지 못할까 봐 두려웠기 때문입니다.
몇 년 동안 사라는 꿈을 보류하고 지역 레스토랑에서 페이스트리 셰프로 일하면서 돈을 모으고 사업을 시작하기에 '완벽한' 시기를 기다렸습니다.
그러던 어느 날 사라의 절친한 친구가 지역 음식 축제에 초대했고, 그곳에서 사라는 자신의 페이스트리를 선보이고 잠재 고객으로부터 호평을 받을 수 있었습니다. 처음에 사라는 자신의 페이스트리가 사람들로 붐비는 축제에서 눈에 띄기에는 부족할까 봐 망설였습니다.

하지만 친구의 은근한 권유로 사라는 용기를 내어 축제에서 자신의 페이스트리를 선보이기로 결심했습니다. 놀랍게도 그녀의 페이스트리는 대 히트를 쳤습니다. 사람들은 독특한 맛과 식감을 좋아했고, 많은 사람들이 어디서 더 살 수 있는지 물어보았습니다.

긍정적인 피드백에 용기를 얻은 사라는 과감히 자신의 베이커리를 시작하기로 결심했습니다. 번화가에 작은 매장을 구한 사라는 열성적인 고객들에게 페이스트리를 판매하기 시작했습니다.
처음에는 힘들었습니다. 사라 씨는 수요를 맞추기 위해 장시간 일해야 했고, 창의적으로 빵을 마케팅할 방법을 찾아야 했습니다. 하지만 입소문이 퍼지면서 그녀의 사업은 번창하기 시작했습니다.

몇 년 후, 사라는 자신의 사업을 시작하기로 한 자신의 결정을 감사한 마음으로 되돌아보았습니다. 그녀는 시작하기에 '완벽한' 시기를 기다렸다면 결코 도약하지 못했을지도 모른다는 사실을 깨달았습니다. 사라는 불확실성과 위험에도 불구하고 행동하고 열정을 추구함으로써 성공적인 비즈니스를 구축하고 자신의 꿈을 이룰 수 있었습니다.

첫 걸음의 중요성
: 목표를 달성하는 방법

시작이 반이다.

_ 아리스토텔레스

목표나 목적을 향해 첫발을 내딛는 것이 인생에서 가장 어려운 부분이지만, 가장 중요한 단계이기도 하다는 의미이다. 일단 시작하면 추진력이 생기고 그 추진력을 바탕으로 목표를 향해 계속 전진할 수 있다.

다시 말해, 목표를 달성하는 데 있어 시작이 가장 어려운 단계인 경우가 많지만, 일단 첫 발을 내딛고 나면 이미 원하는 결과를 향해 상당한 진전을 이룬 것이다.

새로운 일을 시작하거나, 새로운 커리어 경로를 추구하거나, 인생에 중대한 변화를 가져오는 것을 주저하거나 두려워하는 사람들에게 특히 적합하다. 시작이 절반이라는 사실을 인정하면 두려움과 망설임을 극복하고 목표를 향한 첫 걸음을 내딛을 수 있다. 일단 시작하면 추진력이 생기고 그 추진력을 바탕으로 원하는 결과를 달성할 수 있기 때문이다.

하지만 시작은 목표 달성을 향한 여정의 시작에 불과하다는 점을 기억하는 것이 중요하다. 목표를 향해 나아가기 위해서는 여전히 노력해야 한다. 하지만 시작했다는 것은 이미 중요한 장애물을 극복하고 꿈을 향해 나아가고 있다는 뜻이다.

시작이 가장 어려운 단계인 이유

새로운 업무나 프로젝트를 시작할 때 가장 어려운 부분은 초기 관성을 극복하고 첫발을 내딛는 것이다. 새로운 일을 시작하려면 상당한 정신적, 감정적 노력이 필요할 뿐만 아니라 자신의 안전지대를 벗어나려는 의지가 필요하기 때문이다.

시작이 어려운 이유 중 하나는 실패에 대한 두려움이나 앞날에 대한 불확실성 때문이다. 새로운 일을 시작할 때는 경험이 거의 없거나 전혀 없는 경우가 많기 때문에 불안과 자기 의심이 생길 수 있다. 실수할까 봐 걱정하거나 무엇을 해야 할지 몰라서 행동에 옮기지 못할 수도 있다.

시작하는 것이 어려운 또 다른 이유는 상당한 양의 계획과 준비가 필요한 경우가 많기 때문이다. 새로운 프로젝트를 시작하기 전에 정보를 수집하고, 아이디어를 브레인스토밍하고, 세부적인 실행 계획을 세워야 할 수도 있다. 이는 부담스럽고 시간이 많이 소요될 수 있으므로 미루고 싶거나 미루고 싶은 유혹이 있을 수 있다.

마지막으로, 시작은 단순히 약속을 하고 이를 지켜야 하기 때문에 어려울 수 있다. 특히 미루는 데 익숙해져 있거나 다른 우선순위와 경쟁하는 일이 많은 경우에는 더욱 어려울 수 있다.

전반적으로 시작하는 것은 어려울 수 있지만, 목표를 달성하고 삶을 발전시키는 데 있어 필수적인 부분이다. 우리의 발목을 잡는 장애물을 인식하고 이를 극복하기 위한 조치를 취함으로써 우리는 앞으로 나아가고 위대한 일을 성취하는 데 필요한 추진력을 쌓을 수 있다.

시작의 중요성을 잘 보여주는 이야기가 있다.

한때 작가가 되기를 꿈꾸던 잭이라는 청년이 있었습니다. 그는 생생한 상상력과 스토리텔링에 대한 열정을 가지고 있었지만, 막상 앉아서 글을 쓸 동기를 찾는 데 어려움을 겪었습니다.

하루가 몇 주가 되고 몇 주가 몇 달이 되어도 잭은 자신의 꿈을 이루는 데 한 발짝도 다가가지 못했습니다. 낮에는 잡일을 하고 밤에는 TV를 보거나 게임을 하면서 글쓰기는 항상 미루고 있었습니다.

어느 날 잭은 커피숍에서 한 노 작가를 만났는데, 그가 빈 노트를 쳐다보고 있는 것을 발견했습니다. 작가는 잭에게 다가와 무엇을 기다리고 있는지 물었습니다.

잭은 글을 쓰고 싶지만 막상 시작할 엄두가 나지 않는다고 설명했습니다. 노 작가는 고개를 끄덕이며 잭에게 창작에 어려움을 겪고 있던 한 화가에 대한 이야기를 들려주었습니다.

화가는 몇 주 동안 빈 캔버스만 바라보고 있었으며, 붓을 대지도 못하고 있었습니다. 어느 날 화가의 스승이 화가를 찾아와 빈 캔버스를 보았습니다. 스승은 아무 말 없이 붓을 들고 캔버스에 한 획을 그었습니다.

'그게 다야.' 스승이 말했습니다. '이제 시작해도 돼.'

이 이야기에 영감을 받은 잭은 집으로 돌아가 노트를 열었습니다. 그는 첫 페이지에 한 문장을 쓰고, 또 다른 문장을 쓰고, 또 다른 문장을 썼습니다. 어느새 몇 페이지나 쓰게 되었습니다.

자신의 진전에 고무된 잭은 매일 계속 글을 썼습니다. 쉽지는 않았고 낙담하거나 막막함을 느낄 때도 있었지만 그는 인내했습니다. 결국 그의 노력은 결실을 맺었습니다. 그는 베스트셀러가 된 여러 편의 소설을 출간했고 작가가 되고 싶다는 꿈을 이루었습니다.

잭이 얻은 교훈은 때때로 시작하기 위해서는 단 한 번의 획만 있으면 된다는 것이었습니다. 초기 관성을 극복하고 첫 발을 내딛으면 나머지는 더 쉬워집니다. 시작은 어렵지만 가장 중요한 부분이기도 합니다.

장애물 극복하기
: 해결책을 찾는 데 도움이 되는 방법

장애물을 만났다고 반드시 멈춰야 하는 것은 아니다. 벽에 부딪힌다면 돌아서서 포기하지 말라. 어떻게 벽에 오를지, 벽을 뚫고 나갈 수 있을지, 또는 돌아갈 방법은 없는지 생각하라.

— 마이클 조던

어려움에 직면했을 때 끈기와 문제 해결의 중요성을 강조한다.

장애물은 인생의 흔한 부분이며, 물리적 장벽, 정신적 장애물, 외부의 도전 등 다양한 형태로 나타날 수 있다. 장애물을 만나면 낙담하거나 좌절감을 느끼는 것은 당연한 일이며, 포기하거나 돌아서고 싶은 유혹을 받을 수도 있다.

장애물이 반드시 길의 끝일 필요는 없음을 상기시켜 준다. 오히려 장애물을 배우고, 성장하고, 극복할 수 있는 기회로 바라볼 수 있다. 포기하는 대신 장애물 주변, 장애물 위 또는 장애물을 통과하는 방법을 찾는 데 초점을 맞출 수 있다.

이를 위해서는 창의적인 문제 해결 능력, 인내심, 새로운 것을 시도하려는 의지가 필요할 수 있다. 또한 도움을 요청하거나 비슷한 어려움을 겪은 다른 사람들에게 조언을 구하거나 단순히 한 발짝 물러나 접근 방식을 재평가해야 할 수도 있다.

'벽을 오르는' 방법을 선택함으로써 우리는 장애물을 극복하고 계속 전진할 수 있는 능력이 있다는 것을 알고 결단력과 회복력을 가지고 장애물에 접근할 수 있다. 또한 장애물을 극복하는 데 성공하지 못하더라도 그 경험을 통해 배우고 자신을 성장시키고 개선하는 데 활용할 수 있다.

인생의 장애물 뛰어넘기

인생은 장애물과 도전으로 가득하며, 이러한 장애물을 뛰어넘는 방법을 배우는 것은 개인의 성장과 성공을 위해 필수적이다. 다음은 인생의 장애물을 극복하기 위한 몇 가지 전략이다.

1. 긍정적인 태도 유지 : 긍정적인 태도는 어려운 도전에 직면했을 때에도 동기를 부여하고 집중력을 유지하는 데 도움이 될 수 있다. 현재의 어려움에 연연하기보다는 앞으로 다가올 기회와 가능성에 집중해보자.
2. 문제의 세분화 : 큰 문제는 압도적으로 느껴질 수 있지만, 더

작고 관리하기 쉬운 작업으로 나누면 진전을 이루고 통제력을 높이는 데 도움이 될 수 있다.

3. 도움 요청 : 도움이 필요할 때 도움을 요청하는 것을 두려워하지 말자. 친구, 가족, 전문가가 귀중한 지침과 조언, 정서적 지원을 제공할 수 있다.

4. 목표 집중 : 장애물에 직면했을 때는 장기적인 목표와 열망에 집중하는 것이 중요하다. 이는 동기를 유지하고 단기적인 좌절을 극복하는 데 도움이 될 수 있다.

5. 유연성 발휘 : 때로는 장애물을 극복하는 가장 좋은 방법은 접근 방식을 바꾸거나 목표를 조정하는 것이다. 유연성과 적응력을 갖추면 새로운 해결책과 기회를 찾는 데 도움이 될 수 있다.

6. 실패로부터 배우기 : 실패는 학습 과정의 자연스러운 일부이며, 미래의 성공을 위한 귀중한 인사이트와 교훈을 얻을 수 있다. 실수에 연연하지 말고 실수로부터 배우고 미래의 성공을 위한 디딤돌로 삼자.

전반적으로 인생의 장애물을 뛰어넘으려면 인내심과 회복탄력성, 그리고 배우고 성장하려는 의지가 필요하다. 긍정적인 태도를 유지하고 지원을 구하며 목표에 집중하면 장애물을 극복하고 개인 및 직장 생활에서 성공을 거둘 수 있다.

예를 들어보자.

프로 농구 선수가 되기를 꿈꾸던 알렉스라는 젊은 운동선수가 있었습니다. 알렉스는 재능 있는 선수였지만 또래 친구들보다 키가 작다는 큰 장애물에 직면했습니다.

키가 작다는 단점에도 불구하고 알렉스는 프로 농구 선수가 되기로 결심했습니다. 그는 수많은 시간을 기술 연습에 투자하고, 전략을 공부하고, 자신을 발전시키기 위해 노력했습니다.

꿈을 이루기 위해 열심히 노력하는 과정에서 알렉스는 많은 어려움에 직면했습니다. 키가 작다는 이유로 코치와 스카우트에게 인정받지 못했고, 자신이 받을 자격이 있다고 생각했던 많은 기회를 놓치기도 했습니다.

하지만 알렉스는 포기하지 않았습니다. 대신 신장의 단점을 극복할 방법을 찾는 데 집중했습니다. 점프슛을 연습하고, 스피드와 민첩성을 키우고, 수비 기술을 연마했습니다.

결국 알렉스의 노력은 결실을 맺었습니다. 그의 투지와 재능에 깊은 인상을 받은 프로팀 스카우터의 눈에 띄었습니다. 알렉스는 팀에 입단 제의를 받았고 프로 농구 선수로서 성공적인 성과를 쌓아갔습니다.

알렉스가 얻은 교훈은 노력과 끈기, 창의적으로 사고하려는 의지로 장애물을 극복할 수 있다는 것이었습니다. 그는 어려움에 직면했을 때 포기하는 대신 해결책을 찾고 자신을 발전시키기 위해 노력하는 데 집중하기로 결정했습니다. 결국 그는 꿈을 이루었고, 헌신과 긍정적인 태도로 무엇이든 가능하다는 것을 증명했습니다.

부의 한계
: 잠재력을 발휘하려면 야망을 가져야 하는 이유

> 인생을 돈벌이에만 집중하는 것은 야망의 빈곤을 보여주는 것이다.
> 네 스스로에게 너무 적은 것을 요구하는 것이다. 야망을 가지고 더
> 큰 뜻을 이루고자 할 때에야 비로소 진정한 자신의 잠재력을 실현할
> 수 있기 때문이다.
>
> _ 버락 오바마

개인이 돈을 버는 데에만 집중하면 야망을 제한하고 목표를 너무 낮게 설정한다는 것을 이야기한다. 부를 추구하는 것이 본질적으로 나쁜 것은 아니지만, 그것이 인생의 유일한 목표라면 비전과 목적이 부족하다는 것을 반영할 수 있다. 부의 획득을 초월하는 야망을 가져야만 진정한 성취와 잠재력의 실현을 이룰 수 있음을 이야기한다.

부를 축적하는 것이 유일한 목표인 사람은 새로운 기술을 배우거나 의미 있는 관계를 추구할 수 있는 기회를 간과할 수 있다. 반대로 야망을 품는다는 것은 개인적으로나 직업적으로 성장하고 발전하기 위해 도전하는 목표를 설정하는 것을 수반한다. 더 큰 것을 위해 노력함으로써 개인은 성취감, 만족감, 목적

의식을 찾을 가능성이 더 높다.

더 큰 성취를 이루고자 하는 진정한 열망을 가진 사람들이 자신의 잠재력을 인식하고 이를 실현하기 위해 노력할 가능성이 더 높다는 사실을 강조한다. 이들은 자신의 안전지대에서 벗어나 위험을 감수하고 도전을 받아들일 가능성이 더 높다. 실패할 수도 있지만 실패를 통해 배우고 목표를 향해 계속 노력할 가능성도 높다.

결론적으로, 돈을 버는 것이 인생의 중요한 부분이지만, 그것이 야망의 유일한 초점이 되어서는 안 된다는 것을 이야기한다. 오히려 개인은 더 큰 것을 위해 노력하고, 자신의 잠재력을 최대한 발휘하며, 목적과 성취감이 있는 삶을 추구해야 한다.

개인의 잠재력

개인의 잠재력은 개인이 보유하고 있지만 아직 완전히 실현하거나 활용하지 못한 다양한 능력, 기술 및 자질을 의미한다. 잠재력은 개인이 개발하고 성장하여 목표를 달성하고 자신과 타인의 삶에 긍정적인 영향을 미칠 수 있는 능력이다.

모든 사람은 자신의 잠재력을 최대한 발휘하기 위해 활용하고 개발할 수 있는 고유한 강점, 재능, 기술을 가지고 있다. 하지만 잠재력을 실현하려면 노력, 인내, 배우고 적응하려는 의지와 같은 여러 요소가 복합적으로 작용해야 한다. 또한 명확한 목표를 설정하고 위험을 감수하고 실패로부터 배우는 열린 자세가 필요하다.

개인이 자신의 잠재력을 최대한 발휘할 때 일을 성취하고 주변에 긍정적인 영향을 미칠 수 있다. 자신이 선택한 분야에서 탁월한 능력을 발휘하거나, 문제에 대한 혁신적인 방법을 만들거나, 다른 사람들이 목표를 달성하도록 영감을 주거나, 의미 있는 방식으로 사회에 기여할 수 있다.

개인의 잠재력은 고정된 것이 아니라 지속적인 학습과 성장을 통해 개발되고 확장될 수 있다. 따라서 개인은 끊임없이 도전하고 성장과 발전을 위한 새로운 기회를 모색하는 것이 중요하다.

결론적으로 개인의 잠재력은 방대하고 무한하다. 개인은 자신의 고유한 강점과 능력을 활용하고 목표를 향해 노력함으로써 잠재력을 최대한 발휘하고 자신의 삶과 주변 세계에 긍정적인 영향을 미칠 수 있다.

엘론 머스크의 사례에서 확인해 보자.

머스크는 남아프리카공화국 태생의 기업가로 테슬라, SpaceX, 뉴럴링크, 더 보링 컴퍼니와 같은 회사에 참여한 것으로 가장 잘 알려져 있습니다.

어릴 때부터 공상 과학 소설과 기술에 매료된 머스크는 물리학 및 경제학 학위를 취득했습니다. 24살에 신문용 비즈니스 디렉토리와 지도를 제공하는 Zip2라는 회사를 처음 설립했습니다. Zip2를 매각한 후 머스크는 온라인 결제 시스템에 혁명을 일으킨 PayPal을 공동 창업했습니다.

머스크의 진정한 잠재력은 2002년 민간 우주 탐사 회사인 SpaceX를 설립하면서 실현되었습니다. 머스크의 목표는 우주 탐사를 더 쉽고 저렴하게 만드는 것이었고, 그는 화성 식민지화를 목표로 삼았습니다. 이후 머스크는 로켓과 우주선을 발사하여 성공적으로 착륙하고 재사용함으로써 우주 탐사를 더욱 지속 가능하고 비용 효율적으로 만드는 역사를 만들었습니다.

또한, 머스크는 2003년에 테슬라 모터스를 설립하여 전기 자동차 분야의 선구자가 되었습니다. 테슬라의 전기 자동차는 자동차 산업에 혁명을 일으켰으며, 시장에서 가장 혁신적이고 기술적으로 진보된 자동차로 널리 인정받고 있습니다.

머스크는 다양한 벤처 사업을 통해 자신의 잠재력을 발휘하며 선구적인 기업가이자 혁신가로 성장했습니다. 그는 노력과 결단력, 위험을 감수하려는 의지가 있다면 개인이 위대한 일을 성취하고 주변 세계에 긍정적인 영향을 미칠 수 있다는 것을 보여주었습니다.

합리적 사고의 중요성
: 더 나은 의사 결정하는 방법

이성이 열정보다 앞서야 한다.

_ 에피카르모스

개인이 감정이나 욕구에 따라 행동하기 전에 먼저 상황의 이성적 또는 논리적 측면을 고려해야 한다는 것을 이야기한다. 이는 단순히 감정이나 충동을 따르는 것이 아니라 이성이나 합리적 사고가 개인의 행동과 결정을 안내하고 정보를 제공해야 한다는 것을 의미한다.

열정은 사랑, 분노, 흥분, 열정과 같은 강한 감정이나 정서를 의미한다. 열정은 강력한 동기부여가 되어 개인이 위대한 성취를 이루도록 영감을 줄 수 있지만, 판단력을 흐리게 하고 충동적이거나 비합리적인 의사결정을 내리게 할 수도 있다.

반면 이성은 논리와 비판적 사고를 사용하여 상황을 분석하고 정보에 입각한 결정을 내리는 것을 포함한다. 이성은 원인과 결과, 위험과 이익, 장기적인 결과와 같은 요소를 고려한다. 이성은 개인이 상황을 객관적으로 평가하고 감정이나 개인적인 편견이 아닌 사실과 증거에 기반한 결정을 내리는 데 도움이 된다.

개인이 열정보다 이성을 우선시할 때 긍정적인 결과로 이어지는 건전한 결정을 내릴 가능성이 높다는 것을 이야기한다. 예를 들어, 창업이나 전직과 같은 인생의 중요한 결정을 고려하는 사람은 열정이나 열정에 이끌려 행동하기 전에 재정적 위험, 시장 수요, 개인 기술 및 능력 등 결정의 실용적이고 논리적인 측면을 먼저 고려해야 한다.

결론적으로, '이성이 열정보다 앞서야 한다'는 말은 의사 결정에 있어 이성적 사고와 비판적 평가의 중요성을 강조한다. 열정은 강력한 동기 부여가 될 수 있지만, 중요한 결정을 내릴 때 이성이나 논리에 우선해서는 안 된다. 이성과 열정을 모두 고려함으로써 개인은 정보에 입각한 사려 깊은 결정을 내릴 수 있으며, 이는 긍정적인 결과로 이어질 수 있다.

합리적 사고의 중요성

합리적 사고는 개인이 정보에 입각한 결정을 내리고 문제를 효과적으로 해결할 수 있게 해주는 중요한 기술이다. 다음은 합리적 사고가 중요한 몇 가지 이유이다.

- 논리적인 결정 : 합리적 사고는 감정이나 편견이 아닌 증거와 비판적 사고를 바탕으로 논리적인 결정을 내리는 데 도움이 된다. 이를 통해 개인은 주관적인 의견이나 감정이 아닌 사실과 데이터에 기반한 정보에 입각한 선택을 할 수 있다.

- 효과적인 문제 해결 : 이성적 사고는 복잡한 상황을 분석하고 객관적인 기준에 따라 해결책을 개발할 수 있게 해주기 때문에 문제 해결에도 중요하다. 합리적 사고를 통해 개인은 문제의 근본 원인을 파악하고 근본적인 문제를 해결하는 효과적인 솔루션을 개발할 수 있다.

- 객관성 촉진 : 합리적 사고는 공정하고 공평한 결정을 내리는 데 중요한 객관성을 촉진한다. 개인은 논리와 이성을 사용함으로써 개인적인 편견이나 감정의 영향을 받지 않고 객관적인 기준에 따라 결정을 내릴 수 있다.

- 커뮤니케이션 개선 : 합리적 사고는 또한 개인이 자신의 생각과 아이디어를 명확하고 논리적으로 표현할 수 있도록 도와주므로 효과적인 의사소통을 촉진한다. 합리적 사고를 사용하면 다른 사람이 쉽게 이해할 수 있는 방식으로 자신의 추론과 아이디어를 설명할 수 있어 협업과 팀워크를 촉진할 수 있다.

- 창의력 향상 : 합리적 사고는 개인이 문제와 도전에 대해 비판적이고 창의적으로 생각할 수 있게 해주므로 창의력을 향상시킬 수도 있다. 합리적 사고를 사용하면 이전에는 분명하지 않았던 새롭고 혁신적인 해결책을 찾아낼 수 있다.

전반적으로 합리적 사고는 개인 및 직장 생활의 여러 영역에서 개인에게 도움이 될 수 있는 중요한 기술이다. 논리와 이성을 사용하여 의사결정을 내리고 문제를 해결함으로써 개인은 더 많은 정보에 입각한 선택을 하고 객관성을 증진하며 창의력과 커뮤니케이션 능력을 향상시킬 수 있다.

예를 들어보자.

자동차에 대한 열정을 가진 잭이라는 청년이 있었습니다. 잭은 항상 멋진 스포츠카를 소유하는 것이 꿈이었고, 빚을 내서라도 저축한 돈으로 스포츠카를 사기로 결심했습니다.

잭의 친구와 가족들은 잭이 차를 살 형편이 안 된다며 차라리 돈을 저축하는 것이 낫다고 말렸습니다. 하지만 잭은 차에 대한 열정이 너무 커서 친구들의 조언을 듣지 않고 구매를 강행했습니다.

처음에 잭은 새 차에 열광했고 친구들에게 차를 자랑하며 즐거워했습니다. 하지만 몇 달이 지나자 우려가 현실로 다가왔습니다. 잭은 매달 자동차 할부금을 내는 데 어려움을 겪었고, 생계를 유지하기 위해 다른 지출을 줄여야 했습니다. 또한 유지비가 많이 들고 연비도 좋지 않아 일상적인 용도로는 실용적이지 않다는 것을 깨달았습니다.

잭은 자동차에 대한 열정으로 인해 판단력이 흐려졌고, 스포츠카 소유의 실용적인 측면을 고려하지 못했습니다. 이성적으로 판단했다면 자동차를 살 형편이 안 되고 장기적으로 현명한 투자가 아니라는 사실을 깨달았을지도 모릅니다.

결국 잭은 손해를 보고 차를 팔아야 했고, 열정보다 이성의 중요성에 대한 귀중한 교훈을 얻었습니다. 열정은 훌륭한 동기 부여가 될 수 있지만 중요한 결정을 내릴 때 실용성과 논리보다 우선해서는 안 된다는 것을 깨달은 것입니다.

이 이야기는 열정이 때때로 개인을 잘못된 결정으로 이끌 수 있음을 보여주고, 결정을 내리기 전에 이성을 사용하여 상황의 실용적인 측면을 평가하는 것이 중요하다는 점을 강조합니다. 이성을 사용하여 결정의 잠재적 위험과 이점을 평가함으로써 개인은 정보에 입각한 선택을 하여 긍정적인 결과를 이끌어낼 수 있습니다.

미루는 습관 극복하기
: 목표를 이루기 위해 행동을 취하는 방법

목표가 있어도 꾸물거리면 아무것도 얻을 수 없다. 목표가 있으면
착수해야 원하는 것을 가질 수 있는 법이다.

_ 토머스 J. 빌로드

목표 달성을 위한 행동의 중요성을 강조한다.

목표를 세우는 것만으로는 충분하지 않으며, 목표를 실현하기
위해 구체적인 조치를 취해야 한다. 미루기, 즉 일을 미루거나 미
루는 행위는 개인이 목표를 향해 나아가는 것을 방해하고 궁극
적으로 좌절과 성취하지 못한 열망으로 이어질 수 있다.

목표를 달성하기 위해서는 첫걸음을 내딛고 목표 달성을 향한
여정을 시작해야 한다. 여기에는 목표를 관리 가능한 작업으로
세분화하고 이를 달성하기 위한 조치를 취하는 것이 포함된다.
일관되고 의도적인 행동을 취함으로써 우리는 목표를 향해 나아
가고 궁극적으로 원하는 것을 달성할 수 있다.

성공은 단순히 목표를 세우는 것이 아니라 목표를 달성하기 위한 행동을 취하는 것임을 이야기한다. 이 명언은 개인이 미루는 경향을 극복하고 목표를 향해 일관된 행동을 취하는 데 집중하도록 독려한다.

목표 달성을 위한 행동의 중요성을 강조한다. 목표를 세우는 것은 첫 번째 단계일 뿐이며, 진전을 이루고 궁극적으로 원하는 것을 달성하기 위해서는 일관되고 의도적인 행동이 필요하다는 것을 상기시켜 준다.

목표 달성을 위한 행동의 중요성

행동은 의도와 결과를 이어주는 역할을 하므로 목표 달성에 필수적이다. 다음은 행동이 중요한 몇 가지 이유이다.

- 아이디어 현실화 : 목표는 실행에 옮기기 전까지는 아이디어에 불과하다. 행동을 취하면 아이디어가 가시적인 결과로 바뀌고, 열망을 현실로 바꿀 수 있다.
- 모멘텀 구축 : 행동을 취하면 추진력이 생겨 목표를 향해 더 빠르고 효과적으로 나아갈 수 있다. 목표를 향해 취하는 각 행동은 마지막 행동을 기반으로 하여 동기 부여와 진행 상

황을 유지하는 데 도움이 되는 추진력을 만들어낼 수 있다.

- 피드백 제공 : 행동은 목표에 대한 진행 상황을 평가하는 데
도움이 되는 피드백을 제공한다. 행동을 취함으로써 성공과
실패를 통해 배우고 필요에 따라 접근 방식을 조정하여 더
나은 결과를 얻을 수 있다.
- 두려움과 의심 극복 : 행동을 취하면 목표 달성을 방해하는
두려움과 의심을 극복하는 데도 도움이 될 수 있다. 행동을
취함으로써 자신이 발전하고 열망을 달성할 수 있다는 것을
스스로 증명할 수 있다.
- 책임감 : 마지막으로, 행동을 취하면 책임감이 생긴다. 목표를
향해 행동을 취하는 것은 자신의 성공에 대한 책임을 지는
것이며, 포부를 달성하기 위해 스스로에게 책임을 지는 것이
다.

행동은 아이디어를 현실로 바꾸고, 추진력을 키우고, 피드백을
제공하고, 두려움과 의심을 극복하고, 책임감을 형성하기 때문에
목표를 달성하는 데 필수적이다. 목표를 향해 일관되고 의도적인
행동을 취함으로써 진전을 이루고 원하는 결과를 얻을 수 있다.

몇가지 예를 들어보자.

• 사업 시작 : 자신의 사업을 시작하려는 목표가 있다고 가정해 봅시다. 단순히 아이디어만 가지고 있는 것만으로는 목표를 실현할 수 없습니다. 사업 계획을 세우고, 자금을 확보하고, 사업을 시작하는 데 필요한 단계를 밟는 등 행동을 취해야 합니다. 행동으로 옮기지 않으면 창업이라는 목표는 꿈으로만 남게 됩니다.

• 새로운 기술 배우기 : 악기 연주나 새로운 언어 배우기 등 새로운 기술을 배우고 싶다면 수업에 등록하거나 관련 도서를 찾아보는 등 조치를 취해야 합니다. 미루면 목표 달성에 더 가까워지지 않습니다.

• 체중 감량 : 체중 감량 목표가 있다면 건강한 식습관을 기르고, 규칙적으로 운동하고, 진행 상황을 모니터링하는 등 반드시 실천에 옮겨야 합니다. 단순히 체중 감량 목표를 설정하는 것만으로는 목표를 달성하기 위한 행동을 취하지 않으면 효과적이지 않습니다.

이 모든 예에서 공통적인 주제는 목표를 달성하기 위해서는 행동이 필요하다는 것입니다. 미루는 것은 우리의 열망을 실현하는 데 더 가까워지지 않지만, 일관되고 의도적인 행동은 우리가 진전을 이루고 궁극적으로 원하는 것을 달성하는 데 도움이 됩니다.

욕망의 힘
: 만족스러운 삶을 사는 원동력이 되는 방법

삶의 원동력은 무엇일까? 첫째도 욕망, 둘째도 욕망, 셋째도 욕망
이다.

_ 스탠리 쿠니츠

욕망이 삶을 동기를 부여하고 앞으로 나아가게 하는 주요한
힘임을 이야기한다.

욕망은 어떤 일이 일어나기를 바라거나 무언가를 소유하고 싶
은 강한 감정으로 정의할 수 있다. 성공에 대한 욕망, 사랑에 대
한 욕망, 부에 대한 욕망, 지식에 대한 욕망, 쾌락에 대한 욕망 등
다양한 형태로 나타날 수 있다.

욕망은 삶을 이끄는 첫 번째 요소로, 인간의 모든 행동과 열망
의 출발점이라는 것을 나타낸다. 진화론적 관점에서 욕망은 종
의 지속을 보장하는 근본적인 생존 메커니즘으로 볼 수 있다. 예
를 들어, 음식, 물, 주거지에 대한 욕구는 인간이 생존을 위해 이
러한 필수 자원을 찾고 획득하도록 동기를 부여한다.

욕망이 기본적인 필수품을 넘어 삶을 계속 이끌어간다는 점을 강조한다. 사람들은 이미 가지고 있는 것보다 더 많은 것을 끊임없이 추구하며, 더 많은 것에 대한 욕구가 인간을 앞으로 나아가게 하는 원동력이라는 것을 이야기한다. 더 많은 것에 대한 끝없는 욕망은 야심찬 목표를 추구하거나 새로운 기술과 지식을 습득하거나 부와 물질적 소유를 축적하는 것으로 이어질 수 있다.

위의 명언은 전반적으로 욕망이 인간의 행동을 형성하고 삶의 진보를 이끄는 강력한 역할을 강조한다.

개인의 욕망

개인적인 욕망은 특정 음식을 먹고 싶거나 특정 옷을 입고 싶은 것처럼 단순할 수도 있고, 특정 커리어 목표를 달성하거나 세계 여행을 하고 싶은 것처럼 복잡할 수도 있다. 또한 개인의 우선순위와 가치관에 따라 단기적이거나 장기적일 수도 있다.

몇 가지 일반적인 개인적 욕구에는 다음이 포함될 수 있다.

• 경력에 대한 열망 : 꿈에 그리던 직장에 취직하거나, 성공적

인 사업을 시작하거나, 회사에서 승진을 하고 싶다.

- 관계 : 사랑을 찾고 싶거나, 친구 및 가족과 의미 있는 관계를 형성하고 싶거나, 나만의 가족을 꾸리고 싶다.
- 라이프스타일 : 특정 도시나 동네에 살고 싶거나, 특정 취미나 활동을 즐기고 싶거나, 특정 일상을 갖고 싶다.
- 개인적인 성장 : 새로운 기술을 배우거나 지식을 습득하거나 특정 재능을 개발하고자 하는 욕구.
- 자기 표현 : 미술, 음악, 글쓰기 또는 기타 형태의 자기 표현을 통해 자신을 창의적으로 표현하고자 하는 욕구.

전반적으로 개인적인 욕구는 개인마다 고유하며 각자의 성격, 가치관, 삶의 경험을 반영한다. 이러한 욕구는 인간 본성의 자연스럽고 필수적인 부분이며 개인적인 성취와 행복을 달성하기 위한 동기와 방향을 제시할 수 있다.

욕망이 삶을 어떻게 이끌 수 있는지 예를 들어보자.

지방의 작은 마을에서 자란 한 젊은 여성의 이야기를 해 보자. 어렸을 때부터 의사가 되어 다른 사람들을 돕고 싶다는 열망을 품고 있었지만, 집안 형편이 어려워 의대 학비를 감당할 수 없었습니다.

이러한 좌절에도 불구하고 그녀는 자신의 꿈을 포기하지 않았습니다. 그녀는 끊임없이 노력하여 장학금을 받고, 대출을 받고, 목표를 달성하는 데 도움이 되는 모든 노력을 하였습니다. 의사가 되고자 하는 그녀의 열망은 너무나 강해서 수많은 도전과 장애물에도 불구하고 동기를 부여하고 자신의 길에 집중할 수 있었습니다.

몇 년 후, 이 여성은 의학 교육을 성공적으로 마치고 의사가 되어 다른 사람들을 돕고 세상을 변화시키고자 하는 평생의 소망을 이루었습니다. 그녀의 이야기는 강한 열망이 어떻게 사람의 행동을 이끌고, 중대한 도전과 좌절에도 불구하고 목표를 달성할 수 있는지를 잘 보여줍니다.

전반적으로 "삶의 원동력은 무엇일까? 첫째도 욕망, 둘째도 욕망, 셋째도 욕망이다."라는 말은 인간 행동의 주요 동기이자 개인의 성취와 행복을 추구하는 데 있어 욕망의 중요성을 강조합니다.

위험을 회피하는 것의 위험
: 평범한 삶은 기회를 놓친다

가장 큰 위험은 위험없는 삶이다.

_ 스티븐 코비

위험이 전혀 없는 삶을 사는 것이 실제로 위험을 감수하는 것보다 더 위험할 수 있음을 이야기한다. 즉, 위험을 완전히 피하는 것은 정체되고 만족스럽지 못한 삶으로 이어질 수 있다.

위험은 피해, 손실 또는 실패의 가능성으로 정의할 수 있으며, 인간관계, 경력, 개인적 성장 등 삶의 여러 측면에 내재된 부분이다. 위험을 감수하는 것은 두렵고 불편할 수 있지만 성장과 배움, 새로운 기회로 이어질 수도 있다.

위험 없는 삶은 안일함과 개인적 성장의 부족으로 이어질 수 있기 때문에 위험할 수 있다는 것을 이야기한다. 위험을 피하면 새로운 기술을 배우고, 도전하고, 새로운 열정과 관심사를 발견할 수 있는 기회를 놓칠 수 있다. 장기적으로는 더 많은 기회를 잡지 못한 것에 대한 성취감과 후회로 이어질 수 있다.

계산된 위험을 감수하면 더 큰 보상과 성공으로 이어질 수 있음을 이야기한다. 위험을 감수하는 것은 사람들이 두려움을 극복하고, 회복력을 키우며, 목표 달성에 필요한 기술과 자신감을 개발하는 데 도움이 될 수 있다. 위험을 수용함으로써 사람들은 적응력과 유연성을 키우고 삶의 불확실성과 도전을 헤쳐 나갈 수 있는 역량을 갖출 수 있다.

인생에서 위험을 감수하는 것의 중요성과 위험 없는 삶이 가져올 수 있는 잠재적 위험을 강조한다. 위험을 감수하는 것은 벅찰 수 있지만 개인적인 성장, 더 큰 성취감, 더 의미 있는 삶으로 이어질 수도 있다.

몇가지 예를 들어보자.

· 새로운 사업 시작 : 사업을 시작하려면 항상 실패할 가능성이 있기 때문에 상당한 위험을 감수해야 합니다. 하지만 위험을 감수하는 사람은 기업가 정신에 대한 귀중한 교훈을 배우고, 새로운 기술을 개발하며, 잠재적으로 재정적 성공과 독립을 이룰 수 있습니다.

· 새로운 직업 추구 : 직업을 전환하는 것은 어려운 일이 될 수 있지만, 더 큰 성취감과 만족감을 얻을 수도 있습니다. 새로운 커리어를 추구하는 위험을 감수하는 사람은 새로운 열정과 관심사를 발견하고, 새로운 기술을 개발하며, 잠재적으로 더 큰 성공과 인정을 받을 수 있습니다.

· 새로운 나라로의 여행 : 새로운 나라로 여행하는 것은 익숙한 곳을 떠나 낯선 환경을 탐색하는 것이기 때문에 위험할 수 있습니다. 하지만

위험을 감수하는 사람은 다른 문화에 대한 새로운 통찰력을 얻고, 새로운 관점을 개발하며, 새로운 우정과 인맥을 형성할 수 있습니다.

• 개인적인 감정 공유 : 개인적인 감정과 감정에 대해 다른 사람에게 털어놓는 것은 취약성과 거절의 가능성을 수반하기 때문에 위험할 수 있습니다. 하지만 위험을 감수하는 사람은 다른 사람들과 더 깊고 의미 있는 관계를 형성하고, 더 큰 공감과 이해를 발전시키며, 잠재적으로 더 강력하고 만족스러운 관계를 형성할 수 있습니다.

전반적으로 이러한 사례는 위험을 감수하는 것이 어떻게 개인의 성장, 새로운 기회, 삶의 더 큰 성취감으로 이어질 수 있는지를 보여줍니다. 위험을 감수하는 것은 실패와 불확실성의 가능성을 수반하지만, 동시에 큰 보상과 더 의미 있는 삶으로 이어질 수 있습니다.

위험 감수의 힘
: 잠재력을 최대한 발휘할 수 있는 방법

너무 멀리 갈 위험을 감수하는 자만이 얼마나 멀리 갈 수 있는 지
알 수 있다.

_ T. S. 엘리엇

큰 성공을 거두고 중요한 목표를 달성하기 위해서는 개인이 기꺼이 위험을 감수하고 자신의 한계를 뛰어넘어야 한다는 것을 이야기한다. 자신의 능력을 진정으로 알 수 있는 유일한 방법은 위험을 감수하고 자신을 한계까지 밀어붙이는 것이다.

위험을 감수하지 않고 자신의 안전지대에 머물러 있는 사람은 이미 자신이 할 수 있다는 것을 알고 있는 것에 국한되어 있기 때문에 자신의 잠재력을 최대한 발휘하지 못할 수 있다는 것을 이야기한다. 위험을 감수하고 편안한 것을 넘어서면 개인은 자신이 가지고 있는지도 몰랐던 새로운 강점과 능력을 발견할 수 있다.

위험을 감수하고 자신의 한계를 뛰어넘는 것은 도전과 잠재적

인 단점이 없는 것은 아니다. 실패의 가능성은 항상 존재하며, 너무 무리하면 번아웃이나 기타 부정적인 결과를 초래할 수 있다. 하지만 이러한 위험을 기꺼이 감수하는 사람들이야말로 가장 큰 성공과 성취를 이루는 경우가 많다.

위대한 성취를 이루기 위해서는 위험을 감수하고 자신의 한계를 뛰어넘는 것이 중요하다는 점을 강조하고 있다. 이러한 위험을 감수하고 편안한 것을 넘어서야만 개인은 진정으로 자신의 잠재력과 성취할 수 있는 것을 발견할 수 있다.

자신의 한계를 뛰어넘는 것이 중요한 이유

자신의 한계를 뛰어넘는 것은 성장하고 발전하며 목표를 달성하는 데 도움이 되기 때문에 중요하다. 자신이 할 수 있다고 생각하는 것 이상으로 자신을 밀어붙이면 기술, 지식, 경험이 확장되고 자신의 강점과 약점에 대한 귀중한 교훈을 배울 수 있다.

안전지대를 벗어나 새로운 도전을 함으로써 자신의 능력에 대한 자신감을 얻고, 회복력과 인내심을 키우며, 변화하는 상황에 더 잘 적응할 수 있다. 이는 일, 인간관계, 취미 등 삶의 다양한 측면에서 개인적인 성장과 성과 향상으로 이어질 수 있다.

또한, 자신의 한계를 뛰어넘는 것은 새로운 열정과 관심사를 발견하고 시야를 넓히며 이전에는 생각하지 못했던 새로운 기회를 여는 데 도움이 될 수 있다. 새로운 목표를 설정하고 달성하며 시간이 지남에 따라 진전된 성과를 확인할 수 있어 동기 부여와 영감의 원천이 될 수도 있다.

한계를 뛰어넘는 것은 역량을 확장하고, 자신감과 회복력을 얻고, 새로운 기회를 발견하고, 잠재력을 최대한 발휘하는 데 도움이 되기 때문에 중요하다.

예를 들어보자.

서준이라는 젊은 남성이 살았는데, 그는 항상 안정된 삶을 살았습니다. 그는 꾸준한 직업과 안정적인 관계, 편안한 일상을 누리고 있었습니다. 하지만 서준이는 항상 자신이 현재 경험하고 있는 것보다 더 많은 것이 인생에 있다는 생각을 가지고 있었습니다.

어느 날 서준이의 친구로부터 히말라야 등반 탐험에 함께 가자는 초대를 받았습니다. 서준이는 산에 올라본 적이 없었기 때문에 산에 오른다는 생각에 설레면서도 두려운 마음이 들었습니다. 위험하다는 것을 알면서도 자신의 한계를 뛰어넘고 자신의 능력을 확인할 수 있는 기회라고 생각했습니다.

두려움에도 불구하고 서준이는 원정대에 합류하기로 결정했습니다. 점점 더 높은 곳을 오르면서 그는 고산병과 악천후 등 새로운 도전과 장애물에 직면했습니다. 하지만 회복력, 결단력, 정신력 등 자신의 내면에 잠재된 새로운 강점과 능력도 발견했습니다.

때때로 서준이는 자신이 너무 멀리 가고 있고 자신을 너무 몰아붙이는 것 같다고 느꼈습니다. 하지만 정상에 도착해 눈앞에 펼쳐진 숨 막히는 경치를 바라보면서 그 모든 것이 가치가 있다는 것을 깨달았습니다. 그는 불가능하다고 생각했던 일을 해냈고, 새로운 자신감과 자아 인식을 발견했습니다.

집으로 돌아온 후 서준이는 완전히 다른 사람이 된 기분이었습니다. 그는 새로운 용기와 위험을 감수하고 자신의 한계를 뛰어넘으려는 의지가 생겼습니다. 암벽 등반과 배낭여행 등 새로운 취미와 관심사를 추구하기 시작했고, 진정으로 자신을 흥분시키는 일을 하기 위해 직업을 바꾸기도 했습니다.

결국 서준이는 자신이 어디까지 갈 수 있는지 진정으로 알 수 있는 유일한 방법은 위험을 감수하고 자신의 안전지대를 넘어서는 것임을 깨달았습니다. 그렇게 함으로써 그는 인생의 새로운 목적과 성취감을 발견했고, 새로 찾은 용기와 회복탄력성으로 다음 단계로 나아갈 수 있을지 기대가 컸습니다.

현재의 긴박함
: 바로 행동하는 것이 성공을
달성하는 열쇠인 이유

오늘 할 수 있는 일을 내일로 미루지 마라.

– 벤자민 프랭클린

행동을 취하고 미루지 않는 것의 중요성을 강조하는 말이다. 이 명언은 완료해야 할 작업이나 달성해야 할 목표가 있다면 나중까지 기다리지 말고 즉시 실행하는 것이 가장 좋다는 의미이다.

시간 관리와 생산성의 중요성을 믿었던 미국 건국의 아버지 중 한 명인 벤자민 프랭클린이 한 말이다. 프랭클린은 미루고 지연하면 기회를 놓치고 스트레스가 증가하며 생산성이 저하될 수 있다는 사실을 잘 알고 있었다.

목표를 달성하기 위해 주도권을 갖고 적극적으로 행동하는 것이 중요하다는 점을 강조한다. 일을 내일로 미루지 않고 오늘 바로 실행에 옮김으로써 개인은 목표를 향해 나아가고 추진력을 키울 수 있다. 또한, 적시에 작업을 완료하고 목표를 달성함으로써 스트레스와 불안을 줄이고 성취감과 만족감을 느낄 수 있다.

전반적으로 위의 명언은 미루거나 지연하지 말고 적극적으로 목표와 책임을 향해 행동하라는 의미로 해석할 수 있다.

시간관리의 중요성

시간 관리는 개인적, 업무적 목표를 달성하고 스트레스를 줄이며 전반적인 웰빙을 개선하는 데 필수적이다. 시간 관리가 중요한 몇 가지 이유는 다음과 같다.

1. 생산성 향상 : 효과적인 시간 관리를 통해 가장 중요한 업무에 집중하고 보다 효율적으로 업무를 완수할 수 있다. 이는 업무나 개인 생활에서 생산성 향상과 더 나은 성과로 이어질 수 있다.
2. 효율성 향상 : 시간을 효과적으로 관리하면 중요하지 않은 작업에 시간을 낭비하지 않고 가치를 더하는 활동에 집중할 수 있다. 이를 통해 시간을 더 효율적으로 활용하고 목표를 더 빨리 달성할 수 있다.
3. 더 나은 의사 결정 : 좋은 시간 관리 습관은 선택지를 평가

하고 장단점을 보다 효과적으로 따져 더 나은 결정을 내리는 데 도움이 된다. 이는 더 나은 결과와 개선된 성과로 이어질 수 있다.

4. 스트레스와 불안감 감소 : 시간 관리가 제대로 이루어지지 않으면 마감일을 맞추거나 경쟁하는 우선순위를 관리하는 데 어려움을 겪으면서 스트레스와 불안이 생길 수 있다. 시간을 효과적으로 관리하면 스트레스를 줄이고 보다 여유롭고 만족스러운 삶을 누릴 수 있다.

5. 일과 삶의 균형 개선 : 효과적인 시간 관리는 일과 개인 생활의 균형을 보다 효과적으로 맞출 수 있도록 도와준다. 일과 여가 활동에 시간을 할당하면 보다 만족스럽고 균형 잡힌 삶을 누릴 수 있다.

시간 관리는 생산성, 효율성, 의사 결정 및 전반적인 웰빙을 향상시킬 수 있기 때문에 중요하다. 좋은 시간 관리 습관을 기르고 효과적인 전략을 사용하면 사용 가능한 시간을 최대한 활용하고 목표를 더 빠르고 효과적으로 달성할 수 있다.

예를 들어보자.

한 학생이 2주 후에 학기말 논문을 제출해야 합니다. 이 학생은 과제를 조사하고 작성하는 데 상당한 시간을 투자해야 한다는 것을 알고 있습니다. 이 학생은 마지막 순간까지 기다리지 않고 즉시 논문 작업을 시작하기로 결정합니다. 과제를 관리하기 쉽게 목차를 만들고 자료를 수집하고 2주 동안 꾸준히 작업함으로써 학생은 스트레스를 덜 받고 검토 및 편집에 더 많은 시간을 할애하여 논문을 완성할 수 있었습니다.

한 기업가가 새로운 비즈니스에 대한 아이디어를 가지고 있습니다. 기업가는 새로운 사업을 시작하는 것이 위험하고 어려울 수 있다는 것을 알고 있습니다. 기업가는 '완벽한' 시기를 기다리거나 변명하는 대신 행동을 취하고 사업 조사 및 계획을 시작하기로 결심합니다. 지금 바로 행동에 옮김으로써 기업가는 탄탄한 계획을 세우고 더 빨리 사업을 시작하여 시장에서 경쟁 우위를 확보할 수 있습니다.

건강에 관심이 많은 청년이 있습니다. 운동과 건강한 식단이 중요하다는 것을 알고 있지만, 일상에 변화를 주는 것을 계속 미루고 있습니다. 이 사람은 새해 결심이나 특정 날짜를 기다리는 대신 오늘부터 저녁 식사 후 산책을 하거나 더 건강한 간식을 선택하는 등 라이프스타일에 작은 변화를 시작하기로 결심합니다. 오늘 행동을 취함으로써 점차 건강한 습관을 형성하고 전반적인 건강과 웰빙을 개선할 수 있습니다.

이 모든 사례에서 사람들은 미루지 않고 행동하는 것이 중요하다는 것을 인식했습니다. 오늘 당장 실천함으로써 그들은 목표를 향해 나아가고 인생에서 더 큰 성공과 성취를 이룰 수 있었습니다.

위험한 삶
: 성취를 달성하기 위한 열쇠

나를 믿어라. 인생에서 최대의 성과와 기쁨을 수확하는 비결은 위험한 삶을 사는 데 있다.

_ 프레드리히 니체

위험을 감수하는 것이 더 큰 성취와 행복으로 이어질 수 있음을 의미한다. 안전하고 편안한 삶을 사는 것은 안전과 안정감을 줄 수 있지만, 성장과 모험, 성취의 잠재력을 제한할 수도 있다.

위험을 감수하면 두려움을 극복하고 안전지대를 넓히는 데 도움이 될 수 있다. 이를 통해 자신도 몰랐던 새로운 재능, 기술, 강점을 발견함으로써 개인적인 성장으로 이어질 수 있다.

위험을 감수하면 다른 방법으로는 얻을 수 없었을 성공의 기회가 생길 수 있다. 위험을 감수하고 기회를 잡음으로써 우리는 목표와 꿈을 이룰 가능성을 높일 수 있다.

위험을 감수하는 것은 틀에 박힌 사고에서 벗어나 새로운 것을 시도하게 함으로써 창의성과 혁신을 촉발할 수 있다. 이는 자신과 타인에게 도움이 될 수 있는 획기적인 발견으로 이어질 수 있다.

위험을 감수하는 것은 또한 회복력을 키우고 실패로부터 배우는 데 도움이 될 수 있다. 위험을 감수할 때 좌절과 장애물에 부딪힐 수 있지만, 이러한 경험은 미래에 성장하고 성공하는 데 도움이 되는 귀중한 교훈을 가르쳐 줄 수 있다.

위험한 삶을 사는 것은 흥미진진하고 모험적일 수 있다. 그것은 우리 삶에 기쁨과 성취감을 가져다줄 수 있는 자유로움, 자발성, 흥분을 제공할 수 있다.

위험을 감수하는 것이 인생에서 더 큰 성취와 기쁨으로 이어질 수 있음을 의미한다. 위험을 감수할 때 실패나 실망의 가능성은 항상 존재하지만, 개인의 성장과 성취, 그리고 삶을 최대한으로 살면서 얻는 기쁨과 성취감이라는 측면에서 그 보상은 상당할 수 있다.

예를 들어보자.

매우 안전하고 편안한 삶을 살던 톰이라는 남자가 있었습니다. 안정적인 직장, 좋은 집, 사랑하는 가족도 있었습니다. 하지만 이러한 행복한 조건에도 불구하고 톰은 종종 성취감을 느끼지 못하고 불행하다고 느꼈습니다. 자신의 사업을 시작하고 싶은 꿈이 있었지만 위험을 감수하고 안정적인 직장을 떠나기에는 너무 두려웠습니다.

그러던 어느 날 톰은 전 세계를 여행하며 흥미진진한 경험으로 가득 찬 삶을 살고 있던 모험심 많은 친구 잭을 만났습니다. 잭은 톰에게 더 많은 위험을 감수하고 새로운 것을 시도해 보라고 격려하며 인생의 비결은 위험한 삶을 사는 것이라고 말했습니다.

처음에 톰은 망설였지만 결국 도전을 결심하고 자신의 사업을 시작하기로 결정했습니다. 위험한 도전이었지만 그는 모든 에너지와 열정을 쏟아 부어 성공으로 이끌었습니다. 그 과정에서 많은 도전과 좌절이 있었지만 톰은 인내심을 갖고 결국 성공을 거두었습니다. 그는 이전에는 경험하지 못했던 성취감과 자부심을 느꼈습니다.

새로운 성공에 고무된 톰은 삶의 다른 영역에서도 더 많은 위험을 감수하기 시작했습니다. 새로운 곳을 여행하고, 새로운 취미를 시도하고, 새로운 친구를 사귀었습니다. 그는 새로운 경험을 할 때마다 이전에는 느끼지 못했던 기쁨과 성취감을 느꼈습니다.

톰은 자신의 삶을 되돌아보면서 자신이 했던 위험한 선택이 가장 큰 성취와 깊은 기쁨으로 이어졌다는 사실을 깨달았습니다. 그는 위험을 무릅쓰고 인생을 마음껏 살아갈 수 있는 힘을 깨닫게 해준 친구 잭의 격려에 감사를 전했습니다.

결국 톰은 위험한 삶을 사는 것이 두렵고 불확실할 수 있지만, 믿을 수 없을 정도로 보람차고 성취감을 느낄 수 있다는 사실을 깨달았습니다. 기회를 잡고 안전지대를 벗어나야만 진정으로 자신의 능력을 발견하고 인생에서 가장 큰 기쁨과 성취를 찾을 수 있습니다.

실수의 가치
: 새로운 경험과 성장 수용

한 번도 실수한 적이 없는 사람은 한 번도 새로운 것에 도전해 본
적이 없는 사람이다.

— 알버트 아인슈타인

실수는 새로운 것을 시도하고 위험을 감수하는 데 있어 본질
적인 부분이라는 점을 강조한다. 항상 안전지대에 머무르며 완벽
하게 할 수 있는 일만 한다면 실수를 하지 않을 수도 있지만 성
장하고 배우지 못할 수도 있다.

새로운 것을 시도한다는 것은 위험을 감수하고 안전지대를 벗
어나는 것을 의미한다. 이 과정에서 어려움에 부딪히고 실수를
할 가능성이 높다. 하지만 이러한 실수는 오히려 우리가 하고 있
는 일을 개선하고 더 잘할 수 있도록 도와주는 소중한 배움의
기회가 될 수 있다.

예를 들어 악기를 한 번도 연주해 본 적이 없는 사람을 상상
해 보자. 실수를 두려워하고 자신이 완벽하게 할 수 있는 것만

고집한다면 악기를 배우려고 시도하지 않을 수도 있다. 하지만 위험을 무릅쓰고 연습을 시작하면 처음에는 잘못된 음을 치거나 음정이 맞지 않는 등 실수를 할 수 있다. 하지만 많은 시간을 투자하여 연습을 하면 실력은 향상될 것이고 결국에는 악기 연주에 능숙해질 것이다.

실수를 학습 과정의 자연스러운 일부로 받아들일 것을 권장한다. 실수를 두려워하고 새로운 경험을 피하기보다는 기꺼이 위험을 감수하고, 실수를 저지르고, 실수로부터 배우면서 성장하고 새로운 차원의 성공을 달성할 수 있어야 한다.

사람들이 실수를 두려워하는 이유

- 실패에 대한 두려움 : 실수는 실패와 연관될 수 있으며, 많은 사람들이 실수를 당황스럽고 의욕을 떨어뜨리거나 실직이나 관계 손상과 같은 부정적인 결과를 초래할 수 있기 때문에 실패를 두려워한다. 실패에 대한 두려움은 위험을 감수하거나 새로운 시도를 하는 것을 주저하게 만들 수 있다.
- 완벽주의 : 어떤 사람들은 자신에 대한 기준이 높고 실수를 저지르는 것이 나약함이나 무능함의 신호라고 생각할 수 있다. 완벽을 추구하며 어떤 실수도 용납할 수 없다고 생각할

수 있다.

- 타인에 대한 판단 : 또한 다른 사람들이 자신을 어떻게 인식할지 걱정하기 때문에 실수를 두려워할 수도 있다. 다른 사람의 판단이나 비판을 두려워하여 자존감과 자신감이 손상될 수 있다.

- 자신감 부족 : 자신감 부족은 실수를 두려워하게 만들 수도 있다. 자신의 능력을 의심하고 실수를 하면 자신의 불안감이 확인될까 봐 걱정할 수 있다.

- 결과 : 상황에 따라 실수는 심각한 결과를 초래할 수 있습니다. 예를 들어, 의사같은 특정 직업에서는 실수가 생명을 위협하는 결과를 초래할 수 있다. 이러한 경우 실수를 피하기 위해 적절한 예방 조치를 취하는 것이 중요하다.

실수는 학습 과정의 자연스러운 일부이며 누구나 때때로 실수를 한다는 사실을 기억하는 것이 중요하다. 실수를 두려워하기보다는 실수를 배우고 성장할 수 있는 기회로 생각해야 한다. 실수에 대한 관점을 바꾸면 두려움을 극복하고 위험을 감수하여 개인적, 직업적 성장으로 이어질 수 있다.

예를 들어보자.

실수하는 것을 항상 두려워하는 영아라는 젊은 여성이 있었습니다. 그녀는 매우 엄격한 가정에서 자랐기 때문에 실수를 하면 가혹한 비판과 처벌을 받았습니다. 그 결과 영아는 실패에 대한 두려움을 갖게 되었고 새로운 시도를 주저하게 되었습니다.

그러던 어느 날 영아는 새로운 도시에서 일자리를 제안받았습니다. 항상 같은 도시에 살면서 가족과 떨어져 지낸 적이 없던 영아는 기회를 잡고 새로운 도시로 이사하기로 결심했습니다. 출근 첫날, 영아는 긴장하고 실수할까 봐 두려웠습니다. 모든 일을 완벽하게 해내야 한다는 생각에 너무 집중하다 보니 부담감과 불안감을 느꼈습니다.

몇 주가 지나면서 영아는 실수에 대한 두려움이 새로운 직장에서 배우고 성장하는 데 걸림돌이 되고 있다는 사실을 깨닫기 시작했습니다. 동료들이 위험을 감수하고 새로운 시도를 하는 것을 보면서 자신은 기술을 향상하고 개발할 기회를 놓치고 있다는 것을 깨달았습니다.

그러던 어느 날 영아의 상사가 그녀의 능력을 벗어난 프로젝트를 맡아달라고 요청했습니다. 처음에 영아는 망설이고 실수할까 봐 걱정했습니다. 하지만 '실수한 적이 없는 사람은 한 번도 새로운 것에 도전해 본 적이 없는 사람이다'라는 명언을 떠올리고 위험을 감수하기로 결심했습니다.

영아는 그 과정에서 몇 가지 실수를 저질렀지만, 그 실수를 통해 배웠고 프로젝트를 성공적으로 완수할 수 있었습니다. 실수는 학습 과정의 자연스러운 부분이며, 위험을 감수하고 새로운 것을 시도함으로써 자신의 기술을 성장시키고 발전시킬 수 있다는 것을 깨달았습니다.

시간이 지나면서 영아는 위험을 감수하고 실수하는 것에 자신감과 편안함을 갖게 되었습니다. 실수가 끝이 아니라 오히려 성장과 발전의 기회라는 것을 깨달았기 때문입니다. 결국 영아는 팀에서 가장 소중한 구성원 중 한 명이 되었고, 실수는 학습 과정의 자연스러운 일부라는 생각을 받아들인 덕분이라는 것을 알게 되었습니다.

3부
성공 달성하기

운명과 적에 맞서기
: 인내와 용기로 고난을 견뎌내기

> 운명이 가하는 고통에 우리는 인내심을 가지고 맞서야 하며, 적이
> 가하는 고통은 남자다운 용기로 맞서야 한다.
>
> — 투키디데스

    우리가 인생에서 경험할 수 있는 고통에는 운명이나 환경의 결
과인 고통과 적이나 적대자와 같은 타인에 의해 가해지는 고통
이라는 두 가지 유형이 있음을 이야기한다. 각 유형의 고통에 대
처하는 다양한 접근 방식을 제안한다.

    운명이나 환경으로 인한 고통의 경우, 인내심을 가지고 고통을
맞이하라고 조언한다. 즉, 어떤 일은 우리가 통제할 수 없으며 우
리의 행동이나 노력과 무관하게 일어날 수 있다는 사실을 받아
들이라는 뜻이다. 이 명언은 화를 내거나 좌절하기보다는 침착함
을 유지하고 우아하고 품위 있게 고통을 견뎌내야 한다는 것을
이야기한다.

    반면에 적이나 적대자가 고통을 가할 때는 남자다운 용기로

맞서라고 조언한다. 이는 스스로를 옹호하고 강인하고 용감하게 적과 맞서라는 뜻이다. 이 명언은 학대를 수동적으로 받아들이기보다는 우리를 해치려는 사람들에게 적극적으로 저항하고 맞서 싸워야 함을 이야기한다.

고통에 대한 우리의 접근 방식은 고통의 근원에 따라 결정되어야 함을 이야기한다. 어떤 고통은 우리가 통제할 수 없고 인내가 필요한 반면, 다른 고통은 우리가 행동을 취하고 스스로를 지켜야 할 수도 있다. 이 두 가지 유형의 고통의 차이를 인식함으로써 우리는 각각에 대해 적절한 태도와 접근 방식으로 대응할 수 있다.

우리가 인생에서 경험할 수 있는 고통

우리가 살아가면서 경험할 수 있는 고통에는 여러 가지 유형이 있다. 다음은 몇 가지 일반적인 고통이다.

- 신체적 고통 : 질병, 장애, 부상이 포함된다.
- 정서적 고통 : 슬픔, 불안, 두려움, 분노, 외로움 등이 포함된다.
- 정신적 고통 : 우울증, 불안 장애, 정신분열증과 같은 정신

질환이 여기에 포함된다.

- 실존적 고통 : 무의미함, 무목적성, 삶의 방향성 부재 등의 감정이 포함된다.
- 사회적 고통 : 사회적 고립, 차별, 소외감이 포함된다.
- 영적 고통 : 더 높은 힘과의 단절감, 신앙의 상실, 인생에서 길을 잃었다는 느낌 등이 포함된다.
- 경제적 고통 : 빈곤, 실직, 재정적 스트레스가 포함된다.

고통은 삶의 자연스러운 부분이며 사랑하는 사람, 전문가, 커뮤니티의 도움과 지원을 구하면 이러한 경험을 완화하는 데 도움이 될 수 있다는 점을 기억하는 것이 중요하다.

예를 들어보자.

옛날에 지혜와 힘으로 명성이 자자한 현명한 왕이 살았습니다. 어느 날 왕국은 이웃 나라의 침략을 받았고, 왕은 강력한 적군과 마주하게 되었습니다.

수적 열세에도 불구하고 왕은 결단을 내려 군대를 모아 전투에 나섰습니다. 용감하게 싸웠지만 결국 왕의 군대는 패배했고 왕은 적에게 포로로 잡혔습니다.

왕은 적의 진영으로 끌려가 잔인한 대우와 고문을 당했습니다. 고통과 고난을 견뎌냈지만 왕은 포기하거나 희망을 잃지 않았습니다. 그는 백성과 왕국에 대한 의무가 있으며 역경에 맞서 강인함을 유지해야 한다는 것을 알고 있었기 때문입니다.

시간이 지나면서 왕의 인내와 용기는 결실을 맺었습니다. 그들은 왕의 용기와 끈기를 존경하기 시작했고, 결국 몸값을 지불하면 왕을 풀어주겠다고 제안했습니다.

왕은 왕국으로 돌아와 백성들로부터 영웅으로 환영받았습니다. 그는 고통을 견뎌냈지만 그 어느 때보다 강인하고 결단력 있는 모습으로 돌아왔습니다. 그는 운명이나 적들이 자신에게 던지는 어떤 도전에도 맞설 수 있으며, 백성들이 아무리 힘든 시기라도 자신을 믿고 의지할 수 있다는 것을 알고 있었습니다.

신성한 행위로서의 창조성
: 존재하지 않는 것을 존재하게 하고 신과의 관계를 구축하기

창의성이란⋯ 아직 존재하지 않는 것을 보는 것이다. 그것을 존재하도록 하는 방법을 찾아내고 그렇게 신의 친구가 되는 것이다.

_ 미셸 쉬어

창의성이 현재 존재하는 것 너머를 보고 새로운 가능성을 상상할 수 있게 하는 강력한 힘이라는 것을 이야기한다. 창의성에는 아직 존재하지 않는 것을 상상하고 그것을 현실화할 수 있는 방법을 찾는 능력이 필요하다. 이를 위해서는 상상력, 영감, 노력의 조합이 필요하다.

창의성이 우리를 더 높은 힘 또는 영감의 원천과 연결시켜주는 깊은 영적 과정이며, 종종 신이라고도 불린다는 것을 이야기한다. 이러한 영감의 원천을 활용함으로써 우리는 더 깊은 수준의 창의성에 접근하고 새로운 아이디어와 창작물을 세상에 내놓을 수 있다.

'창의성이란⋯ 아직 존재하지 않는 것을 보는 것'이라는 창의성이 현재 존재하는 것 너머를 보고 새로운 가능성을 상상할 수 있는 능력에서 시작된다는 것을 이야기한다. 이를 위해서는 상상력과 상자 밖에서 생각하는 능력이 필요하다.

'그것을 존재하도록 하는 방법을 찾는 것'은 창의성이 단순히 아이디어만 가지고 있는 것이 아니라 그 아이디어를 행동으로 옮기고 현실화하는 것임을 이야기한다. 이를 위해서는 노력, 기술, 헌신이 필요하다.

'신의 친구가 되는 것'은 창의성이 더 높은 힘 또는 영감의 원천과 연결되는 깊은 영적 과정이라는 것을 이야기한다. 이러한 영감의 원천을 활용함으로써 우리는 더 깊은 수준의 창의성에 접근하고 새로운 아이디어와 창작물을 세상에 내놓을 수 있다. 또한 창의성은 이 영감의 원천을 존중하고 연결하는 방법이며, 창의적인 사람은 이 영감의 원천과 특별한 관계를 형성할 수 있다는 것을 이야기한다.

창의성이 우리를 우리 자신보다 더 큰 무언가와 연결시켜주는 강력하고 변혁적인 힘이며, 이러한 영감의 원천을 활용할 수 있는 사람은 새로운 아이디어와 창조물을 세상에 가져올 수 있고, 이를 통해 하나님의 친구가 될 수 있음을 이야기한다.

창의성

창의성은 상상력, 독창성, 혁신을 활용하여 새로운 아이디어, 개념 또는 문제 해결책을 창출하는 능력이다. 창의성에는 참신하고 독특한 아이디어를 떠올리고 이를 사용하여 이전에 존재하지 않았던 것을 창조하는 과정이 포함된다.

창의성은 예술, 음악, 글쓰기, 디자인, 혁신, 기업가 정신 등 다양한 방식으로 표현될 수 있다. 창의성은 특정 분야나 영역에 국한되지 않으며 다양한 맥락에서 적용될 수 있다. 예를 들어 과학자는 창의력을 발휘하여 새로운 가설을 세우고, 엔지니어는 창의력을 발휘하여 새로운 제품을 설계하고, 마케터는 창의력을 발휘하여 새로운 광고를 기획할 수 있다.

창의성은 아이디어를 창출하는 데 그치지 않고 이를 실행에 옮기는 데도 필요하다. 여기에는 위험을 감수하고 다양한 접근 방식을 실험하여 아이디어를 실현하는 것이 포함된다. 창의력에는 관찰력, 문제 해결력, 비판적 사고와 같은 다양한 기술이 필요하다.

창의성은 오늘날 세계에서 점점 더 수요가 증가하고 있는 귀중한 기술이다. 개인적, 직업적 삶에서 두각을 나타내고 의미 있는 영향력을 발휘할 수 있게 해준다. 창의성은 새로운 솔루션을 개발하고, 기존 솔루션을 개선하며, 새로운 가능성을 탐색하는 데 도움이 된다.

예를 들어보자.

인도의 작은 마을에 살던 마야라는 젊은 예술가가 있었습니다. 마야는 그림 그리기에 천부적인 재능을 가지고 있었고, 그녀의 작품은 가족과 친구들에게 큰 찬사를 받았습니다.

어느 날 마야는 자신이 만들고 싶은 그림에 대한 환상을 떠올렸습니다. 밝은 색상과 복잡한 패턴으로 가득 찬 아름답고 복잡한 디자인이었죠. 마야는 이런 그림을 본 적이 없었기 때문에 실제로 구현하는 것이 쉽지 않다는 것을 알고 있었습니다.

그후 몇 주 동안 마야는 지칠 줄 모르고 그림 작업에 몰두했습니다. 마야는 다양한 기법과 재료를 실험하며 머릿속에서 보았던 비전을 화폭에 담기 위해 노력했습니다. 마야의 가족과 친구들은 붓을 한 획 한 획 움직일 때마다 그림이 서서히 구체화되는 모습을 놀랍게 지켜보았습니다.

마야는 그림을 그리는 동안 자신보다 더 위대한 무언가와 깊은 유대감을 느꼈습니다. 마치 자신이 발견하기를 기다리던 신성한 창의력의 원천을 두드리고 있는 것 같았습니다. 그녀는 이 새로운 창조물을 탄생시키면서 자신이 신의 친구가 되고 있다는 것을 알았습니다.

마침내 그림이 완성되었습니다. 마야는 뒤로 물러나 자신의 작품을 감상하며 이전에는 경험하지 못했던 자부심과 만족감을 느꼈습니다. 그녀는 이것이 자신의 인생에서 창의력의 한계를 계속 탐구하고 새로운 비전을 실현하는 새로운 시작이라는 것을 알았습니다.

예술가로서 마야의 명성이 높아지면서 전 세계 사람들이 그녀의 작품을 보기 위해 찾아왔습니다. 그들은 그녀의 그림의 아름다움과 복잡함에 감탄했고, 많은 사람들이 그림을 보고 있으면 영적인 느낌과 신과의 연결감을 느낄 수 있다고 말했습니다.

마야는 자신의 인생에서 소명을 찾았고, 자신의 창의력은 세상과 나누기 위해 주어진 선물이라는 것을 알고 있었습니다. 그녀는 아직 존재하지 않는 새로운 것을 계속 보았고, 그것을 현실로 가져올 방법을 찾았으며, 붓을 휘두를 때마다 신의 친구가 되었습니다.

현재를 사랑하는 힘
: 긍정과 열정으로 순간을 포용하는 방법

순간을 사랑하라. 그러면 그 순간의 에너지가 모든 경계를 넘어 퍼져나갈 것이다.

_ 코리타 켄트

현재의 순간을 온전히 받아들이고 감사함으로써 모든 한계와 장벽을 초월할 수 있는 잠재력을 지닌 긍정적인 에너지를 만들 수 있음을 이야기한다.

현재에 온전히 집중하고 삶에 참여하라는 것이다. 우리는 종종 미래에 대한 걱정이나 과거에 대한 후회 때문에 정신이 산만해져 현재 순간의 풍요로움을 놓칠 때가 있다. 하지만 판단이나 집착 없이 지금 이 순간을 있는 그대로 사랑하고 감사하는 법을 배울 수 있다면, 우리는 현재에 행복을 누릴 수 있을 것이다.

이러한 방식으로 삶에 접근할 때, 우리는 자신을 넘어 다른 사람의 삶에 영향을 미칠 수 있는 잠재력을 가진 긍정적인 에너지를 만들어낸다. 이러한 긍정적인 에너지를 발산함으로써 우리는 주변 사람들에게 영감을 주고 인종, 문화, 신념의 경계를 뛰어넘는 영향력을 행사할 수 있다.

존재감, 사랑, 긍정적인 에너지의 변화무쌍한 힘과 이러한 자질이 어떻게 더 조화롭고 연결된 세상을 만드는 데 도움이 될 수 있는지를 상기시켜 준다.

몇 가지 예를 들어보자.

· 내가 좋아하는 가수에 콘서트에 갔다고 생각 해 보세요. 그 순간에 완전히 몰입하고 음악과 관중의 에너지가 기쁨과 흥분으로 가득 차 있다고 상상해 보세요. 관중과 함께 춤을 추고 노래를 부르다 보면 긍정적인 에너지가 주변 사람들에게 퍼지기 시작하는 것을 느낄 수 있습니다. 가만히 서 있거나 지루한 표정을 짓던 사람들이 순간의 에너지에 사로잡혀 갑자기 움직이기 시작하고 웃기 시작합니다.

· 수업을 듣고 있는 학교 교실 안을 생각해 보세요. 선생님이 수업에 몰입하여 열정적으로 학생들을 가르치고 학생들이 수업에 집중하면 긍정적인 분위기를 조성할 수 있습니다. 선생님이 가르치는 과목에 열정을 갖고 학생들을 가르치면 학생들은 그 에너지를 느낄 수 있습니다. 학습에 흥미를 잃거나 어려움을 겪고 있던 학생도 교사의 열정적인 모습에 동기를 부여받고 변할 수 있습니다.

· 파트너와의 관계로, 서로에게 온전히 집중하고 주의를 기울이는 파트너는 깊고 의미 있는 관계를 형성할 수 있습니다. 파트너가 시간을 내어 서로의 이야기를 경청하고 협의한다면 서로 유대감을 형성할 수 있습니다.

지금 이 순간과 서로를 온전히 사랑함으로써 삶과 관계의 다른 영역으로 퍼질 수 있는 긍정적인 에너지를 만들어냅니다.

성공의 역설
: 색다른 성공으로 가는 길

내가 성공한 것은 최고의 조언에 진심으로 귀 기울인 후 그에 얽매이지 않고 정 반대를 행한 덕이다.

_ G. K. 체스터튼

때때로 성공을 위한 최선의 방법은 통념에 도전하고 틀에서 벗어난 생각을 하는 것이라는 생각을 장난스럽고 유머러스하게 표현한 말이다.

독립적인 사고의 중요성과 위험을 감수하고 자신의 직관을 따르려는 의지를 강조하는 것이다. 다른 사람의 조언은 소중할 수 있지만, 성공으로 가는 길은 저마다 다르며 나에게 효과가 있는 것이 다른 사람에게는 효과가 없을 수도 있다는 점을 기억하는 것이 중요하다.

진심을 담아 최고의 조언을 경청하면 의사 결정에 도움이 되는 귀중한 통찰력과 관점을 얻을 수 있다. 그러나 그 조언과 반대로 행동함으로써 우리는 이전에는 고려하지 않았던 새로운 가능성에 접근할 수 있다.

어떤 사람들은 이 명언을 성공하기 위해 대세를 거스르거나 역행하라는 뜻으로 해석하기도 한다. 독립적으로 사고하고 위험을 감수하거나 색다른 길을 추구하는 것을 두려워하지 말라는 의미로 받아들이기도 한다.

하지만 이 말을 너무 문자 그대로 받아들이는 것을 경계하는 사람들도 있다. 이들은 다른 사람들이 권장하는 것과 맹목적으로 반대되는 행동을 하는 것은 성공의 비결이 아니며 오히려 해로울 수 있다고 주장한다. 대신 이들은 결정을 내리기 전에 조언을 신중하게 평가하고 자신의 목표와 가치에 비추어 검토하는 것이 중요하다고 제안한다.

이 명언은 성공하려면 대담하고 파격적인 조치를 취해야 하는 경우가 많으며, 위험을 감수하고 새로운 것을 시도하려는 의지가 인생에서 위대한 일을 성취하는 열쇠라는 것을 이야기한다.

성공에는 종종 상자 밖에서 생각하고, 통념에 도전하며, 다른 사람의 조언에 반하는 것을 의미하더라도 자신의 본능을 따르려는 의지가 필요하다는 것을 상기시켜 준다. 때로는 성공하는 가장 좋은 방법은 잘 알려진 길을 따라가는 것이 아니라 자신만의 길을 개척하는 것이라는 생각을 유쾌하고 경쾌하게 표현한 것이다.

독립적인 사고의 중요성

독립적 사고의 중요성은 정보를 비판적으로 평가하고 자신의 분석과 판단에 따라 의사 결정을 내릴 수 있는 능력에 있다. 독립적 사고란 다양한 관점을 고려하고, 여러 가지 선택의 장단점을 따져보고, 자신의 신념과 가치에 따라 결론을 내릴 수 있는 능력을 의미한다.

독립적 사고는 편향되거나 신뢰할 수 없는 다양한 출처의 정보가 넘쳐나는 세상에서 특히 중요하다. 읽거나 듣는 모든 것을 의심 없이 믿는 함정에 빠지기 쉽지만, 이는 비판적 사고의 부족으로 이어져 정보가 부정확하거나 오해의 소지가 있는 경우 이를 인식하지 못하는 결과를 초래할 수 있다.

독립적인 사고 능력을 키우면 개인 생활부터 정치적 신념에 이르기까지 모든 것에 대해 정보에 입각한 결정을 내릴 수 있는 능력을 갖추게 된다. 정보를 보다 객관적으로 분석하고, 잠재적인 편견이나 사각지대를 식별하며, 자신의 가치와 목표에 더 부합하는 결정을 내릴 수 있다.

독립적인 사고는 혁신과 발전에도 중요하다. 독립적으로 생각하는 사람은 현 상태에 도전하고, 의문을 제기하며, 새로운 아이디어와 접근 방식을 제시할 가능성이 높다. 이는 우리의 삶과 사회 전반을 개선할 수 있는 획기적인 발전으로 이어질 수 있다.

예를 들어보자.

예술 분야에서 경력을 쌓는 데 열정적이었던 존이라는 사람이 있었습니다. 그는 자신의 작업에 대한 독특하고 색다른 비전을 가지고 있었으며, 그것이 다른 동료들과 차별화될 것이라고 믿었습니다. 하지만 멘토와 동료들에게 조언을 구했을 때, 그는 종종 전통적인 길을 따르고 업계 표준을 따르라는 말을 들었습니다.

하지만 존은 자신만의 길을 가기로 결심했기 때문에 조언자들의 권유와는 정반대의 길을 가기로 결심했습니다. 그는 자신만의 독특한 스타일과 목소리를 연마하며 끊임없이 자신의 기술을 연마했습니다. 그는 현실에 순응하기를 거부하고 대신 자신의 비순응을 받아들였습니다.

몇 년이 지나자 존의 작품이 주목을 받기 시작했습니다. 그의 독특한 스타일과 접근 방식은 실제로 다른 동료들과 차별화되었고, 이제 그는 수요가 많았습니다. 그는 자신이 상상도 하지 못했던 수준의 성공을 거두었습니다.

어떻게 그렇게 성공할 수 있었느냐는 질문에 존은 '최고의 조언을 진지하게 경청하고 그 반대로 행동한 덕분입니다.'라고 대답했습니다.

이 이야기는 고무적으로 보일 수 있지만, 통념을 거스르는 것은 위험할 수 있으며 항상 최선의 방법은 아니라는 점을 기억하는 것이 중요합니다. 중요한 결정을 내리기 전에 결정의 위험과 이점을 신중하게 비교하고 신뢰할 수 있는 멘토와 전문가의 조언을 구하는 것이 중요합니다.

성공의 즐거움
: 직장 내 문화를 조성하는 방법

일의 기쁨에 대한 비밀은 한 단어에 들어있다. 바로 탁월함이다.
무엇을 잘 할 줄 안다는 것은 곧 이를 즐긴다는 것이다.

– 펄 벅

　일에서 기쁨을 찾는 비밀은 탁월함을 추구하는 데 있다는 것을 이야기한다. 탁월함을 추구할 때 우리는 스스로 높은 기준을 세우고 이를 달성하기 위해 열심히 노력한다. 우리가 하는 일에서 탁월해지기 위해 노력할 때, 우리는 일에서 만족감과 성취감을 얻는 경향이 있다. 성취에 대한 자부심을 느끼고 계속 개선하려는 동기를 갖게 된다.

　탁월함을 위해서는 스스로에게 도전하고 한계를 뛰어넘어야 하기 때문이다. 우리가 가진 기술과 지식을 최선을 다해 적용하고 업무 개선을 위해 지속적으로 노력할 것을 요구한다. 탁월함을 달성할 때 우리는 자신의 업무에 대한 숙달감을 경험하며 깊은 보람을 느낄 수 있다.

또한, 무언가를 잘할 때 그것을 더 즐기는 경향이 있다. 자신의 능력에 대한 자신감이 생기고 열정을 가지고 업무에 임할 가능성이 높아진다. 이는 다시 업무에 집중할 수 있는 동기를 부여하는 긍정적인 영향으로 이어질 수 있다.

탁월함을 추구하는 것이 업무에서 즐거움을 찾는 열쇠라는 것을 이야기한다. 탁월함을 위해 노력할 때 우리는 스스로에게 도전하고, 업무에서 만족감과 성취감을 얻으며, 우리가 하는 일을 즐길 가능성이 높아진다.

업무에 집중할 수 있는 동기 부여

1. 명확한 목표 설정 : 달성하고자 하는 목표를 명확히 이해하고 목표를 달성 가능한 작은 작업으로 세분화하면 집중력과 동기 부여를 유지하는 데 도움이 될 수 있다.

2. 계획 수립 : 작업에 어떻게 접근하고 각 작업에 시간을 할당할 것인지 계획을 세운다. 계획이 있으면 체계적이고 집중력을 유지하는 데 도움이 된다.

3. 방해 요소 제거 : 생산성을 방해하는 요소를 파악하고 이를 제거하기 위한 조치를 취한다. 여기에는 휴대폰의 알림을 끄거나 조용한 작업 공간을 찾는 것이 포함될 수 있다.

4. 책임감 찾기 : 업무 진행 상황에 대해 책임을 물을 수 있는

사람이 있으면 강력한 동기 부여가 될 수 있다. 동료, 친구, 멘토가 그 대상이 될 수 있다.

5. 휴식 : 짧은 휴식을 취하면 재충전하고 다시 집중하는 데 도움이 될 수 있다. 가볍게 산책을 하거나 간단한 운동을 해 보는 것도 좋다.

6. 보상 : 작업을 완료하거나 정해진 목표에 도달했을 때 스스로에게 작은 보상을 설정하는 것도 방법이다. 이렇게 하면 동기를 부여하고 당면한 작업에 집중하는 데 도움이 될 수 있다.

예를 들어보자.

요리에 관심이 많고 셰프가 되고 싶어하는 사람이 있다고 가정해 보자. 처음에는 특정 요리를 만들거나 특정 스타일로 요리하는 데 어려움을 겪을 수 있지만, 연습하고 더 많이 배우면서 더 잘할 수 있게 된다. 실력이 향상되면 요리하는 과정에서 즐거움을 느끼기 시작하고 새로운 요리를 만들거나 다양한 요리를 만들어 보는 다양한 시도를 할 수도 있다.

계속해서 실력을 향상시키고 인정을 받으면서 요리에 대한 열정이 커지고 일에 대한 성취감을 느낄 수 있다. 이런 식으로 탁월함을 추구함으로써 그들은 일에서 기쁨을 찾게 된 것이다.

마찬가지로 글쓰기에 열정을 가진 사람이라면 처음에는 양질의 작품을 만드는 데 어려움을 겪을 수 있지만, 실수를 통해 배우면서 더 나은 작가가 되는 것을 발견할 수 있다. 실력이 향상됨에 따라 글쓰기 과정을 더 즐기게 되고 자신의 작품에 자부심을 느끼게 될 수도 있다.

이 두 가지 예 모두에서 탁월함을 추구하면 작업의 즐거움이 높아지는 것을 알 수 있다. 개인이 선택한 분야에서 더 숙련되고 능숙해지면 성취감과 만족감을 얻게 되고, 이는 기쁨과 만족의 원천이 될 수 있다.

기회 인식하기
: 근면과 노력에 대한 편견 극복하기

사람들이 대게 기회를 놓치는 이유는 기회가 작업복 차림의 일꾼
같아 일로 보이기 때문이다.

_ 토마스 A. 에디슨

사람들이 기회를 힘든 일이나 성취하기 어려운 것으로 인식하여 기회를 놓치는 경우가 많다는 것을 이야기한다. 육체적으로 힘든 일을 하면서도 자신을 보호하기 위해 작업복을 입는 노동자와 같이 많은 기회를 잡기 위해서는 노력과 헌신이 필요하기 때문이다.

작업복을 입은 노동자의 비유는 힘든 일은 힘들고 불편할 수 있지만 목표를 달성하거나 기회를 잡기 위해서는 반드시 필요하다는 생각을 나타낸다. 그러나 많은 사람들이 과제를 완수하는 데 필요한 시간과 에너지를 소비하고 싶지 않기 때문에 그러한 노력이 필요한 기회를 추구하는 것을 주저할 수 있다.

또한 많은 경우 기회를 잡기 위해서는 위험을 감수하거나 자

신의 안전지대를 벗어나야 하는데, 이는 부담스러울 수 있는 상황이다. 사람들은 실패나 새로운 일에 대한 두려움 때문에 이러한 위험을 감수해야 하는 기회에 도전하는 것을 주저할 수 있다.

그 결과 개인적 또는 직업적 성장, 성공 또는 행복으로 이어질 수 있는 기회를 놓칠 수 있다. 대신, 잠재적으로 가치 있는 경험을 놓치더라도 더 쉽고 편한 길을 선택할 수 있다.

사람들이 기회를 힘든 일로 인식하거나 위험을 감수하거나 자신의 안전지대를 벗어나는 것을 두려워하기 때문에 기회를 놓칠 수 있다는 것을 이야기한다. 하지만 노력과 헌신이 필요한 기회를 추구하면 개인적, 직업적 성장과 성취감을 얻을 수 있으므로 처음에는 어렵게 느껴지더라도 이러한 도전을 하는 것이 중요하다.

사람들이 기회를 놓치는 이유가 무엇일까?

사람들이 기회를 놓치는 데에는 여러 가지 이유가 있을 수 있지만 일반적인 이유는 다음과 같다.

1. 두려움 : 새로운 상황에 대한 두려움이나 실패에 대한 두려움은 사람들이 기회를 추구하는 데 방해가 될 수 있다. 사람들은 기회의 결과에 대해 불확실할 때 기회를 달성하기

위해 필요한 조치를 취하는 것을 주저할 수 있다.

2. 인식 부족 : 때때로 사람들은 단순히 기회를 인식하지 못해서 기회를 놓칠 수 있다. 기회는 채용 공고, 이벤트, 교육 프로그램 등 다양한 형태로 제공될 수 있으며, 사람들이 적극적으로 찾지 않으면 기회가 존재한다는 사실을 깨닫지 못할 수 있다.

3. 안전지대 : 사람들은 자신의 안전지대에 머무르는 것을 선호하기 때문에 새로운 기회를 추구하는 것을 주저할 수 있다. 현재 상황에 만족하고 위험을 감수하거나 안전지대를 벗어나는 것을 피할 수 있다.

4. 동기 부여 부족 : 동기 부여가 부족하면 기회를 추구하지 않을 수도 있다. 기회에 대한 가치를 보지 못하거나 명확한 목표가 없다면 목표를 달성하는 데 필요한 노력을 기울일 동기를 느끼지 못할 수 있다.

5. 인식된 장벽 : 사람들은 시간 부족, 자원 부족, 기술 부족과 같은 특정 장벽을 기회 추구에 대한 장애물로 인식할 수 있다. 이러한 인식된 장벽은 기회를 추구하기 위한 행동을 취하지 못하게 할 수 있다.

전반적으로 사람들은 다양한 이유로 기회를 놓친다. 이러한 상황을 극복하고 기회를 추구하면 개인적, 직업적 성장, 성공, 성취감을 얻을 수 있다.

예를 들어보자.

직장에서 새로운 프로젝트를 맡을 기회를 제안 받았다. 이 프로젝트를 성공하기 위해서는 많은 사람들의 노력과 헌신, 그리고 어느 정도의 위험을 감수하여야 하였다. 그러나 많은 노력이 필요하고 불편하거나 어려울 수 있기 때문에 프로젝트에 착수하는 것을 주저할 수 있다.

이 경우, 이 도전적인 프로젝트에 도전함으로써 전문적으로 성장하고, 새로운 기술을 습득하고, 잠재적으로 경력을 발전시킬 수 있는 기회를 놓칠 수 있다. 대신 기회를 거절하고 현재의 책임에 충실하는 더 쉽고 편안한 길을 선택할 수도 있다.

반면에 프로젝트를 완수하는 데 필요한 노력과 수고가 궁극적으로 개인적, 직업적 성장으로 이어질 것이라는 점을 인식하고 기회를 받아들일 수도 있다. 도전을 받아들임으로써 새로운 기술을 배우고, 어려운 작업을 수행할 수 있는 능력을 입증하고, 헌신과 노력으로 동료와 상사에게 깊은 인상을 남길 수 있다.

이런 식으로 첫 번째 사람은 탁월함을 추구하고 전문적으로 성장할 기회를 놓친 반면, 두 번째 사람은 탁월함을 추구하기 위한 노력과 도전에서 기쁨을 찾을 수 있었고 더 큰 성공과 성취를 이룰 수 있었다.

목적의 중요성
: 명확한 목표가 위대한 사람과
평범한 사람을 구분하는 방법

위대한 이들은 목적을 갖고, 그 외의 사람들은 소원을 갖는다.
— 워싱턴 어빙

인생에서 위대함이나 성공을 거둔 사람들은 명확한 목적이나 목표가 있기 때문에 그렇게 할 수 있다는 것을 이야기한다. 그들은 강한 방향 감각과 집중력을 가지고 있으며 목표를 달성하려는 열망에 의해 움직인다.

위에 언급된 '그 외의 사람들은' 삶의 명확한 목적이나 방향이 없기 때문에 성공을 이루지 못한 사람들일 수 있다. 그 대신, 그들은 단지 막연한 소망이나 욕망만 가지고 있을 뿐 그것을 달성하기 위한 구체적인 계획이나 전략이 없을 수도 있다.

인생에서 명확한 목적이나 목표를 갖는 것의 중요성과 이것이 어떻게 개인을 성공과 성취로 이끌 수 있는지를 강조한다. 또한 단순히 무언가에 대한 소망이나 욕구를 갖는 것만으로는 의미 있는 변화나 성공을 가져올 수 없음을 이야기한다.

위대함을 성취하기 위해서는 개인이 확고한 목적의식과 방향성을 가지고 목표를 달성하기 위해 기꺼이 노력하고 희생할 수 있어야 한다. 이를 위해서는 단순히 어떤 일이 일어나기를 바라는 것이 아니라 집중력, 결단력, 기꺼이 행동으로 옮기는 의지가 필요하다.

인생에서 명확한 목적이나 목표를 갖는 것의 중요성

인생의 명확한 목적이나 목표를 갖는 것은 여러 가지 이유로 중요하다.

1. 방향성과 집중력 제공 : 명확한 목적이나 목표가 있으면 개인이 자신에게 진정으로 중요한 일에 에너지와 노력을 집중할 수 있다. 이는 방향을 제시하고 장애물이나 산만함에 직면했을 때에도 계속 나아갈 수 있도록 도와준다.
2. 동기 부여 : 명확한 목적이나 목표는 강력한 동기 부여가 될 수 있다. 이는 개인이 더 열심히 일하고, 도전을 극복하고, 역경에 맞서 인내하도록 영감을 줄 수 있다.
3. 의사 결정에 도움이 됩니다 : 개인이 명확한 목적이나 목표를 가지고 있으면 더 쉽게 결정을 내릴 수 있다. 궁극적인

목표와 여러 선택지를 비교하여 목표를 달성하는 데 가장 도움이 될 만한 방법을 선택할 수 있다.

4. 더 큰 성취감 : 개인이 명확한 목적이나 목표를 가지고 이를 향해 노력할 때, 삶에서 성취감과 만족감을 느낄 가능성이 높아진다. 목표를 향해 나아가는 과정을 확인할 수 있고 목표를 달성했을 때 성취감을 느낄 수 있다.

5. 의미를 창출합니다 : 명확한 목적이나 목표가 있으면 개인에게 삶의 목적과 의미를 부여할 수 있다.

전반적으로 인생의 명확한 목적이나 목표를 갖는 것은 개인의 성장, 성취, 성취감을 위해 필수적이다. 이는 개인의 삶에 방향성, 동기 부여, 의미와 목적의식을 제공한다.

몇가지 예를 들어보자.

• 경력 목표 : 커리어에서 원하는 위치에 대한 명확한 목표가 있으면 업무에 집중하고 동기를 부여하는 데 도움이 될 수 있다. 예를 들어, CEO가 되는 것이 목표라면 그 목표를 달성하는 데 필요한 기술, 경험, 인맥을 쌓기 위해 노력할 수 있다.

• 개인 개발 목표 : 외국어 배우기, 새로운 기술 배우기, 건강 및 체력 향상과 같은 개인 개발 목표를 설정하면 다양한 방식으로 삶을 개선하는 데 도움이 될 수 있다.

• 재정적 목표 : 주택 구입을 위한 저축이나 은퇴 계획과 같은 명확한

재무 목표를 세우면 더 나은 재무 결정을 내리고 장기적인 목표에 집중하는 데 도움이 될 수 있다.

• 관계 목표 : 파트너와의 의사소통 개선 또는 새로운 친구 사귀기 등의 관계 목표를 설정하면 인생에서 더 강하고 만족스러운 관계를 구축하는 데 도움이 될 수 있다.

이러한 각각의 예에서 명확한 목적이나 목표를 갖는 것은 개인의 삶에 방향성, 동기 부여, 의미와 성취감을 제공할 수 있다. 이는 집중력을 유지하고 더 나은 결정을 내리며 원하는 결과를 달성하는 데 도움이 될 수 있다.

목적 우선순위 정하기
: 성공보다 가치 있는 사람이
되는 것이 더 중요한 이유

성공한 사람이 아니라 가치있는 사람이 되기 위해 힘쓰라

– 알버트 아인슈타인

개인의 성공이나 성취를 위해 노력하기보다는 주변 사람들에게 가치를 더하는 데 집중하는 것이 더 중요하다는 것을 이야기한다.

성공은 특정 목표(돈, 사회적 성공)를 달성하는 것으로 정의될 수 있지만, 가치 있다는 것은 세상에 긍정적으로 기여하고 다른 사람들의 삶에 의미 있는 영향을 미치는 것이다.

내가 세상에서 무엇을 얻을 수 있는지 보다 내가 세상에 무엇을 돌려줄 수 있는지에 초점을 맞추는 것이 더 중요하다는 것을 이야기한다. 세상과 주변 사람들에게 가치를 더함으로써 긍정적인 변화를 일으키고 지속적인 영향력을 남길 수 있다.

가치를 더한다는 것은 지식과 기술을 다른 사람들과 공유하거

나, 도움이 필요한 사람들을 돕거나, 다른 사람들에게 영감을 주는 무언가를 만드는 등 다양한 형태로 나타날 수 있다. 자신의 행동과 기여를 통해 세상을 더 나은 곳으로 만들 수 있는 방법을 찾는 것이다.

개인적인 성공은 성취감을 가져다줄 수 있지만, 가치 있는 삶이란 세상을 변화시키고 긍정적인 유산을 남기는 것이다. 더 큰 선을 우선시하고 자신의 재능과 자원을 사용하여 모두를 위한 더 나은 세상을 만드는 것이다.

개인의 성공이나 성취를 위해 노력하기보다는 세상과 주변 사람들에게 가치를 더하는 데 집중할 것을 권장한다. 그렇게 함으로써 다른 사람들의 삶에 긍정적인 영향을 미치고 지속적인 유산을 남길 수 있다.

멜린다 게이츠의 예를 들어보자.

멜린다 게이츠는 전 마이크로소프트 임원으로서 부와 성공을 거두었지만, 평생을 자선 활동과 다른 사람들의 삶을 개선하는 데 헌신해 왔다. 게이츠 재단을 통해 소아마비, 말라리아와 같은 질병 퇴치, 교육 접근성 개선, 전 세계 여성과 소녀들의 역량 강화 등 글로벌 보건 및 개발 문제를 해결하기 위한 수많은 이니셔티브에 자금을 지원했다.

성공보다는 가치 있는 삶을 추구하는 멜린다 게이츠의 철학은 자선 활동에 대한 접근 방식에서도 잘 드러난다. 그녀는 단순히 돈을 기부하는 것이 아니라 세상에 의미 있는 영향을 미치고 가장 도움이 필요한 사람들을 돕는 것이 목표라고 밝혔다. 또한 그녀는 자신의 노력이 진정으로 변화를 가져올 수 있도록 돕고자 하는 커뮤니티의 의견을 경청하고 긴밀히 협력하는 것이 중요하다고 강조해 왔다.

멜린다 게이츠는 게이츠 재단과의 협력을 통해 가치 있는 존재가 어떻게 위대한 업적과 성공으로 이어지는 동시에 세상에 긍정적인 영향을 미칠 수 있는지 보여주었다. 그녀는 자신의 부와 자원을 사용하여 변화를 만드는 데 집중함으로써 다른 사람들도 같은 일을 하도록 영감을 주었고, 중요한 글로벌 이슈에 대한 관심을 불러일으키는 데 기여했다.

역경을 딛고 일어나기
: 업적보다 기여를 우선시하기

위대한 사람은 기회가 없다고 원망하지 않는다.

_ 랄프 왈도 에머슨

위대한 사람은 기회를 얻지 못하거나 목표를 달성하는 데 장애물에 직면했을 때 괴로워하거나 분해하지 않는다는 것을 이야기한다. 위대한 사람들은 자신의 한계에 집착하기보다는 자신이 가진 것을 최대한 활용하고, 주어진 기회를 활용하고, 없는 곳에서 새로운 기회를 창출하는 데 집중한다.

위대한 인물은 역경 속에서도 결단력, 회복력, 인내심을 통해 위대함을 성취한 사람들이다. 그들은 성공에는 노력과 희생이 필요하며, 기회가 오기를 기다리기보다는 장애물을 뛰어넘으려는 의지가 필요하다는 것을 잘 알고 있다.

진정으로 위대한 사람들은 환경에 휘둘리지 않고 자신의 삶을 통제하고 자신에게 주어진 모든 자원을 최대한 활용한다는 것을 이야기한다. 그들은 자신에게 없는 것에 집착하지 않고, 아무리 제한적일지라도 자신이 가진 것으로 무엇을 성취할 수 있는지에 집중한다.

개인이 기회를 얻기 위해 해야 할 일

개인의 상황과 목표에 따라 달라질 수 있으므로 이 질문에 대한 정답은 없다. 하지만 기회를 얻을 수 있는 가능성을 높이는 데 필요한 팁에 대해 이야기해 보자.

1. 기술과 지식 습득 : 어떤 분야에서든 성공하려면 필요한 기술과 지식을 갖추는 것이 필수적이다. 개인은 교육, 훈련, 실무 경험을 통해 자신의 기술을 개발하는 데 집중해야 한다. 여기에는 강좌 수강, 워크숍이나 세미나 참석, 인턴십이나 계약직 취업 등이 포함될 수 있다.

2. 네트워크 구축 : 전문적인 인맥을 구축하면 새로운 기회에 대해 배우고 목표 달성에 도움을 줄 수 있는 사람들과 연결할 수 있다. 네트워킹에는 관련업계 행사 참석, 동호회 가입, 소셜 미디어 또는 온라인 커뮤니티를 통한 사람들과의 연결 등이 포함된다.

3. 적극적인 행동 : 기회는 우연히 찾아오는 것이 아니라 개인

이 적극적으로 찾아 나서야 한다. 여기에는 잠재적인 기회를 조사하고, 지인에게 조언이나 단서를 구하고, 자신의 목표에 부합하는 기회를 적극적으로 추구하는 것이 포함된다.

4. 도전 및 위험 : 기회는 도전과 함께 찾아오며, 개인은 기꺼이 위험을 감수하고 자신의 안전지대를 벗어나 기회를 잡을 수 있어야 한다. 여기에는 새로운 책임을 맡거나, 새로운 커리어 경로를 추구하거나, 사업을 시작하는 것이 포함될 수 있다.

5. 긍정적인 마인드 : 거절과 좌절은 인생의 일부이지만, 개인이 기회를 추구하지 못하도록 좌절하게 해서는 안 된다. 긍정적인 태도를 유지하고, 성장 마인드를 유지하며, 도전을 지속하면 장애물을 극복하고 목표를 달성하는 데 도움이 될 수 있다.

오프라 윈프리의 예를 들어보자.

오프라는 미시시피 시골의 가난한 가정에서 태어나 학대와 방임 등 어린 시절 내내 수많은 어려움에 직면했습니다. 이러한 장애물에도 불구하고 오프라는 학업적으로 뛰어난 성적을 거뒀고 결국 테네시 주립대학교에 장학금을 받았습니다. 대학 졸업 후 오프라는 라디오 및 텔레비전 진행자로 일하며 미디어 분야에서 경력을 쌓기 시작했습니다.

미디어 업계에서 흑인 여성으로서 차별과 장애물에 직면했지만, 오프라는 인내심을 갖고 지신에 일에 충실하였고 결국 세계에서 가장 성공적이고 영향력 있는 미디어 인물 중 한 명이 되었습니다. 그녀는 자신의 토크쇼인 '오프라 윈프리 쇼'를 시작하여 큰 성공을 거두며 유명 인사가 되었습니다.

또한 수많은 영화와 TV 쇼에 출연하고 여러 권의 책을 출간했으며, 자신의 미디어 회사인 하포 프로덕션을 설립했습니다.

오프라는 커리어 내내 자신의 플랫폼을 사용하여 다른 사람들, 특히 여성과 유색인종에게 영감을 주고 힘을 실어주는 데 전념해 왔습니다. 그녀는 그 과정에서 많은 어려움에 직면했지만 항상 긍정적이고 단호한 태도를 유지하며 좌절이나 장애물에 굴하지 않았습니다.

오프라의 이야기는 역경과 제한된 기회에도 불구하고 노력과 인내, 긍정적인 태도가 어떻게 성공으로 이어질 수 있는지를 보여주는 좋은 예입니다.

창의성을 숨기는 기술
: 출처를 숨기는 것이 어떻게 독창성을 불러일으키는가

창의성의 비밀은 자신의 창의력의 원천을 숨길 줄 아는 것이다.

— 알버트 아인슈타인

진정한 창의성에는 독창적인 아이디어를 생각해내는 것뿐만 아니라 그 아이디어를 신선하고 예상치 못한 방식으로 표현하는 능력도 포함된다는 것을 이야기한다. 창의적인 개인은 창의성의 '원천을 숨김으로써' 청중을 놀라게 하고 즐거움을 선사하여 그들의 작업에 대한 참여와 관심을 유지할 수 있다.

다시 말해, 우리는 예술 작품, 글 또는 기타 창의적인 결과물을 접할 때 새롭고 흥미진진하게 느껴지기 때문에 그 작품에 끌리는 경우가 많다. 창의적인 개인은 창의성의 원천을 숨김으로써 이러한 참신함을 활용하고 청중의 참여를 유지할 수 있다.

창의적인 개인이 영감의 원천에 대해 비밀을 지키거나 정직하지 않아야 한다는 의미는 아니라는 점에 유의하는 것이 중요하다. 오히려 훌륭한 창의성은 다양한 출처에서 영감을 얻고, 이를 새롭고 독창적인 것으로 종합한 다음, 놀랍고 신선하게 느껴지는 방식으로 작품을 제시하는 것과 관련이 있다는 것을 이야기한다.

창의성의 비결은 독창적인 아이디어를 갖는 것뿐만 아니라 사람들의 상상력을 사로잡고 참여를 유도하는 방식으로 아이디어를 제시하는 방법을 아는 것이다. 창의적인 사람들은 창의성의 '원천'을 숨김으로써 흥미와 호기심을 자극하여 더욱 매력적이고 기억에 남는 작품을 만들 수 있다.

창의성의 비결

창의성의 비결은 실패나 판단에 대한 두려움 없이 탐구하고 실험할 수 있도록 허용하는 것이다. 창의성을 발휘하려면 새로운 아이디어, 관점, 경험에 열려 있는 마음가짐이 필요하다. 다음은 창의력을 발휘하는 데 도움이 되는 몇 가지 전략이다.

1. 호기심 : 주변에 대해 호기심을 갖고 새로운 경험, 관점, 아이디어를 찾아보자. 질문하고, 가정에 이의를 제기하고, 다양한 사고방식을 탐구하자.
2. 마음챙김 : 명상이나 호흡법 같은 마음챙김 기술을 연습하

여 마음을 맑게 하고 스트레스를 줄여보자. 이를 통해 새로운 아이디어와 인사이트가 떠오를 수 있는 공간을 만들 수 있다.

3. 발산적 사고 : 실현 가능성이나 실용성에 대해 걱정하지 않고 다양한 아이디어를 떠올릴 수 있도록 마음을 열어두자. 이를 통해 틀에 박힌 사고에서 벗어나 혁신적인 솔루션을 생각해낼 수 있다.

4. 협업 : 나와 다른 관점과 기술을 가진 다른 사람들과 협력하자. 협업은 창의력을 자극하고 획기적인 아이디어로 이어질 수 있다.

5. 충분한 휴식 : 휴식과 재충전의 시간을 가져보자. 휴식을 취하면 번아웃을 예방하고 새로운 아이디어가 떠오를 수 있는 기회를 마련할 수 있다.

6. 실패 인정 : 실패는 창작 과정의 자연스러운 부분임을 인정하자. 실패를 통해 배우고 성장과 배움의 기회로 활용할 수 있다.

창의성의 비결은 개방적이고 호기심이 많으며 기꺼이 실험하려는 마음가짐을 기르는 것이다. 새로운 경험, 관점, 아이디어를 수용하고 위험을 감수하고 실패를 기꺼이 받아들임으로써 창의적인 잠재력을 발휘하고 상상력을 마음껏 펼칠 수 있다.

실패를 성공으로 바꾼 창의적인 발명가의 예를 들어보자.

미국의 유명한 발명가 토마스 에디슨에 대해 이야기 해보자. 그는 뛰어난 발명가였지만 땡장이이기도 했습니다. 그는 항상 새로운 것을 시도했고 실패를 두려워하지 않았습니다. 사실 그는 실패는 성공으로 가는 필수 단계라고 믿었습니다.

어느 날 에디슨은 새로운 유형의 배터리를 발명하기 시작했습니다. 그는 몇 달 동안 다양한 재료와 구성을 실험했지만, 어떤 시도를 해도 배터리가 작동하는 것을 확인할 수 없었습니다. 그는 좌절하고 낙담했습니다.

하지만 에디슨은 포기하는 대신 다른 접근 방식을 취하기로 결정했습니다. 그는 실험을 하면서 배운 모든 것들, 즉 작동하지 않은 모든 재료와 실패한 모든 구성에 대해 생각하기 시작했습니다. 에디슨은 배터리를 만드는 데는 성공하지 못했지만 무엇이 작동하지 않았는지에 대해 많은 것을 배웠다는 것을 깨달았습니다.

그래서 에디슨은 다시 시도하기로 결심했습니다. 이번에는 실패한 실험에서 배운 모든 것을 가지고 새로운 유형의 전구를 만드는 데 사용했습니다. 그리고 이번에는 성공했습니다.

에디슨은 이후 1,000종이 넘는 특허를 보유한 역사상 가장 성공적인 발명가 중 한 명이 되었습니다. 하지만 그는 실패를 통해 얻은 교훈을 결코 잊지 않았습니다. 그는 실패는 배움의 기회일 뿐이며, 모든 실패는 성공에 한 걸음 더 가까워진다고 믿었습니다.

토마스 에디슨의 이야기는 실패는 두려워하거나 피해야 할 것이 아니라 창의적인 과정의 중요한 부분임을 일깨워 줍니다. 실패를 받아들임으로써 우리는 실수로부터 배우고 아이디어를 다듬어 궁극적으로 창의적인 노력에서 성공을 거둘 수 있습니다.

준비
: 관찰을 통한 기회 포착의 열쇠

관찰하는데 있어서는 준비된 자에게만 기회가 온다.

- 루이 파스퇴르

주변을 관찰하고 인식하는 것이 기회를 인식하고 포착하는 데
필수적이라는 것을 이야기한다.

기회는 새로운 사람과의 우연한 만남부터 관심 있는 분야의
이르기까지 다양한 형태로 나타날 수 있다. 하지만 적극적으로
주의를 기울이고 주변을 관찰하지 않으면 이러한 기회를 놓칠
수 있다.

관찰할 준비가 되어 있다는 것은 개방적이고 호기심 많은 사고
방식을 가지고 새로운 기회로 이어질 수 있는 정보와 경험을 적
극적으로 찾는 것을 의미한다. 여기에는 네트워킹, 새로운 경험
추구, 시사 및 업계 동향에 대한 최신 정보 파악 등이 포함될 수
있다. 이렇게 함으로써 기회가 생길 때 이를 인지하고 활용할 수

있는 위치에 설 수 있다.

또한 관찰할 준비가 되어 있다는 것은 예기치 않은 기회가 발생했을 때 적응하고 방향을 전환할 수 있다는 의미이기도 하다. 이를 위해서는 유연성과 안전지대를 벗어나려는 의지가 필요할 수 있지만, 예상치 못한 흥미로운 기회로 이어질 수도 있다.

기회를 찾고 인식하는 데 있어 관찰력과 능동성을 발휘하는 것이 중요하다는 점을 강조한다. 그렇게 함으로써 성공의 발판을 마련하고 새롭고 흥미로운 가능성에 자신을 개방할 수 있다.

주변을 관찰하는 게 중요한 이유

주변을 관찰하는 것은 여러 가지 이유로 중요하다.

- 기회 : '기회는 문을 단 한 번만 두드린다'는 속담이 있다. 주변을 관찰하면 당장 눈에 띄지 않을 수 있는 잠재적 기회를 알아차리는 데 도움이 될 수 있다. 예를 들어, 업계의 트렌드와 변화에 주의를 기울이면 비즈니스 성장이나 경력 발전으로 이어질 수 있는 새로운 시장이나 기술을 파악할 수 있다.
- 안전 : 주변 환경을 관찰하는 것은 안전을 위해서도 중요하

다. 주변 환경을 잘 파악하면 도로에서 과속하는 차량이나 인도의 미끄러운 빙판과 같은 잠재적인 위험을 피하는 데 도움이 될 수 있다. 경각심을 갖고 주의를 기울이면 위험한 상황을 피하고 위험으로부터 자신을 보호하는 데 도움이 될 수 있다.

- 학습 : 주변을 관찰하는 것은 지식을 배우고 확장하는 데에도 도움이 된다. 주변 에 주의를 기울이면 개인 또는 직장 생활에 도움이 될 수 있는 새로운 아이디어나 방법을 발견할 수 있다. 또한 세상과 그 안에 있는 사람들에 대해 더 깊이 감사하고 이해할 수 있다.

- 창의력 : 주변을 관찰하는 것은 창의성과 혁신에도 영감을 줄 수 있다. 주변에 주의를 기울이면 다른 사람들이 놓친 패턴이나 연관성을 발견할 수 있다. 이는 업무나 개인 생활에서 획기적인 발전을 가져올 수 있는 새로운 아이디어나 접근 방식을 개발하는 데 도움이 될 수 있다.

전반적으로 주변을 관찰하는 것은 기회를 인식하고, 안전을 지키고, 배우고, 창의력을 발휘하는 데 도움이 되는 중요한 기술이다. 주의를 기울이면 삶의 모든 측면에서 성공과 성장의 발판을 마련할 수 있다.

예를 들어보자.

사업을 막 시작한 존이라는 젊은 사업가가 있었습니다. 그는 일에 대한 에너지와 열정이 넘쳤지만 새로운 고객을 찾고 비즈니스를 성장시키는 데 어려움을 겪고 있었습니다.

어느 날 존은 커피숍에서 줄을 서서 기다리던 중 낯선 사람과 대화를 나누게 되었습니다. 낯선 사람은 관련 업계 전문가로 밝혀졌고, 존의 열정에 깊은 인상을 받은 그는 고객을 소개해 주겠다고 제안했습니다.

그 후 몇 주 동안 존은 고객과의 미팅을 열심히 준비했습니다. 그들의 비즈니스를 조사하고 자신의 비즈니스가 제공할 수 있는 고유한 가치를 강조하는 설득력 있는 프레젠테이션을 준비했습니다.

준비와 관찰력 덕분에 존은 고객에게 좋은 인상을 남기고 거래를 성사시킬 수 있었습니다. 그 결과 비즈니스 수익이 크게 증가했으며 업계에서 확고한 명성을 쌓을 수 있었습니다.

자신의 경험을 되돌아보면서 존은 주변을 관찰하고 참여하려는 의지가 이러한 기회를 가져왔다는 것을 깨달았습니다. 낯선 사람과 대화를 시작하고 새로운 경험에 개방적인 태도를 취함으로써 그는 비즈니스 성장에 도움을 준 업계 전문가와 연결될 수 있었습니다.

그때부터 존은 주변을 더 잘 관찰하고 참여하기 위해 의식적으로 노력했습니다. 그는 업계 행사에 참석하고, 다른 전문가들과 네트워크를 형성하고, 비즈니스 성장에 도움이 될 수 있는 새로운 경험을 모색했습니다. 관찰할 준비가 되어 있었기 때문에 존은 성공을 위한 포지셔닝을 하고 새로운 기회가 생길 때마다 이를 포착할 수 있었습니다.

계획의 역할
: 운은 준비된 자에게 유리하다

운은 계획에서 비롯된다.

_ 브랜치 리키

성공과 행운이 우연의 결과라기보다는 신중한 계획과 준비의 결과인 경우가 많다는 것을 이야기한다. 즉, 행운은 단순히 적시에 적절한 장소에 있는 것의 문제가 아니라 기회가 왔을 때 이를 포착할 수 있도록 잘 준비해 둔 결과인 경우가 많다.

계획은 여러 가지 방법으로 성공 가능성을 높일 수 있다. 첫째, 계획은 개인이 목표를 명확히 하고 목표를 달성하는 데 필요한 단계를 식별하는 데 도움이 될 수 있다. 이를 통해 가장 중요한 작업에 노력과 자원을 집중하고 원하는 결과를 향해 나아갈 수 있다.

둘째, 계획은 개인이 목표를 달성하는 과정에서 발생할 수 있는 잠재적인 장애물이나 도전을 예상하고 대비하는 데 도움이 될 수 있다. 다양한 시나리오를 고려하고 비상 계획을 수립함으로써 개인은 예기치 않은 좌절의 영향을 줄이고 역경에 직면했을 때 적응하고 인내하는 능력을 높일 수 있다.

마지막으로, 계획은 개인이 잠재적인 기회를 파악하고 기회가 생겼을 때 이를 활용할 수 있도록 포지셔닝하는 데 도움이 될 수 있다. 새로운 트렌드, 새로운 기술 또는 변화하는 시장 상황을 주시함으로써 개인은 이러한 발전을 활용하고 더 큰 성공을 거둘 수 있는 위치를 선점할 수 있다.

목표를 추구할 때 능동적이고 계획적인 자세가 중요하다는 점을 강조한다. 우연과 환경이 성공에 영향을 미칠 수 있지만, 신중한 계획과 준비는 원하는 결과를 달성할 가능성을 크게 높일 수 있다.

계획을 잘 세워야 하는 이유

어떤 일을 할 때 계획을 잘 세우는 것이 필수적이다. 그 이유는 다음과 같다.

- 명확성 : 계획은 무엇을 해야 하는지, 왜 해야 하는지, 어떻게 해야 하는지를 명확히 하는 데 도움이 된다. 계획은 목

표, 범위, 전략을 미리 정의함으로써 원하는 결과를 달성하기 위한 명확한 로드맵을 제공한다.

- 효율성 : 계획은 작업을 수행하는 가장 효과적이고 효율적인 방법을 파악하여 시간, 리소스 및 노력의 사용을 최적화하는 데 도움이 된다. 이를 통해 시간을 절약하고 비용을 절감하며 생산성을 향상시킬 수 있다.

- 위험 관리 : 계획을 통해 개인과 조직은 프로젝트 중에 발생할 수 있는 위험과 불확실성을 식별하고 관리할 수 있다. 잠재적인 문제를 예측하고 비상 계획을 수립함으로써 예기치 않은 사건으로 인한 부정적인 영향을 최소화할 수 있다.

- 조정 : 계획은 프로젝트에 참여하는 팀원, 이해관계자, 파트너 간의 조율과 협업을 촉진한다. 계획은 모든 사람이 동일한 목표에 맞춰 자신의 역할과 책임을 이해하고 공동의 목표를 향해 함께 일할 수 있도록 도와준다.

- 책임감 : 계획은 진행 상황을 측정하고 계획 대비 성과를 평가할 수 있는 기반을 제공한다. 계획은 개인과 팀이 자신의 행동과 결과에 대해 책임을 지도록 하고 지속적인 개선을 위한 기반을 제공한다.

계획을 잘 세우는 것은 개인과 조직이 효율적이고 효과적으로, 그리고 최소한의 위험으로 목표를 달성할 수 있도록 해주기 때문에 중요하다.

예를 들어보자.

자신의 사업을 시작하는 것이 꿈인 존이라는 청년이 있었습니다. 그는 신제품에 대한 좋은 아이디어를 가지고 있었지만 돈이나 경험이 많지 않았습니다.

존은 성공하려면 신중한 계획이 필요하다는 것을 알고 있었습니다. 그는 몇 달 동안 시장을 조사하고, 사업 계획을 수립하고, 전문가에게 조언을 구했습니다. 또한 사업을 시작하기에 충분한 자금을 모으고 도움을 줄 수 있는 인맥을 구축하기 위해 열심히 노력했습니다.

마침내 존은 사업을 시작할 준비가 되었습니다. 그는 모든 계획을 실행에 옮기고 제품 마케팅을 시작했습니다. 처음에는 속도가 느렸지만 그는 계속 열심히 일하면서 전략을 수정했습니다.

어느 날 존은 관련 행사에 참석했다가 투자자를 만났습니다. 투자자는 존의 사업 계획에 깊은 인상을 받았고 그의 제품에서 잠재력을 보았습니다. 투자자는 존의 회사에 투자하기로 결정하고 존이 사업을 한 단계 더 발전시키는 데 필요한 자금을 제공했습니다.

신중한 계획과 노력 덕분에 존은 자신만의 행운을 만들어낼 수 있었습니다. 그는 계획과 준비를 통해 스스로 기회를 만들었고, 기회가 왔을 때 이를 활용할 준비가 되어 있었습니다.

이 이야기는 행운은 계획에서 비롯된다는 생각을 잘 보여줍니다. 행운은 때때로 무작위적인 사건처럼 보일 수 있지만, 이 경우 신중한 계획과 준비의 결과입니다. 계획과 준비를 위한 노력을 기울임으로써 개인은 성공 가능성을 높이고 스스로 기회를 창출할 수 있습니다.

4부

노력하기

장기적인 계획 세우기
: 더 나은 미래를 위한 장기적인
계획과 투자의 중요성

오늘 누군가가 그늘에 앉아 쉴 수 있는 이유는 오래 전에 누군가가 나무를 심었기 때문이다.

— 워런 버핏

워런 버핏이 장기적인 투자와 결정의 중요성을 강조하기 위해 자주 사용했던 말이다.

오늘날 우리가 누리는 많은 혜택이 과거에 취한 행동의 결과라는 것을 이야기한다. 우리가 그늘에 앉아서 누리는 편안함은 오래 전에 심어진 나무 덕분에 가능해진 것이다. 이 나무가 오늘날 햇볕을 피할 수 있는 크고 그늘진 나무로 자라기까지 많은 사람들의 노력이 있었다.

개인의 재테크부터 비즈니스 전략에 이르기까지 삶의 다양한 측면에 적용할 수 있다. 미래를 위해 현명하게 돈을 투자하고 저축하면 나중에 그 혜택을 누릴 수 있다. 오늘 우리가 내리는 선택이 미래에 지대한 영향을 미칠 수 있으며, 장기적인 목표와 프로젝트에 투자하면 나중에 상당한 이익을 얻을 수 있다는 점을 상기시켜 준다.

개인 재테크의 장기적인 투자는 시간이 지남에 따라 상당한 재정적 이득으로 이어질 수 있다. 예를 들어, 은퇴하기 전 여유 돈을 계좌에 일찍 투자하면 은퇴 연령에 도달할 때까지 상당한 금액을 저축할 수 있다. 마찬가지로 여유 자금을 자기계발에 투자하면 경력을 쌓는 동안 더 나은 일자리 기회와 더 높은 수입을 얻을 수 있다.

장기적인 투자와 결정의 중요성은 아무리 강조해도 지나치지 않다.

현재를 넘어 장기적인 관점에서 우리의 행동이 가져올 결과를 고려함으로써 우리 자신과 후대에 더 나은 미래를 만들 수 있다.

장기투자의 중요성

장기 투자는 시간이 지남에 따라 복리 수익률의 이점을 누릴 수 있기 때문에 중요하다. 복리 수익률은 투자로 얻은 수익이 다시 투자에 재투자되어 추가 수익을 창출할 때 발생한다. 시간이 지남에 따라 수익이 발생하기 때문에 전체 수익률을 크게 높일 수 있다.

장기 투자는 더 높은 수익률 외에도 투자자가 단기적인 시장 변동을 극복할 수 있게 해준다. 주식 시장은 경제 상황, 지정학적 사건, 투자자 심리 등 다양한 요인에 따라 가격이 오르거나 내리는 등 단기적으로 예측하기 어려울 수 있다. 과거의 사례를 보면 장기간에 걸친 주식 투자는 역사적으로 긍정적인 수익을 제공해 왔다. 장기 투자를 통해 투자자는 단기 손실을 회복하고 시장의 장기 성장에 따른 혜택을 누릴 수 있는 시간을 벌 수 있다.

마지막으로 장기투자를 통해 투자자는 다양한 주식 또는 기타 투자 포트폴리오에 투자하여 장기간 보유하는 패시브 투자의 이점을 활용할 수 있다. 이러한 접근 방식은 시간과 비용이 많이 드는 잦은 매매와 시장 타이밍의 필요성을 최소화하고 대신 투자자가 장기적인 재무 목표에 집중할 수 있게 해준다.

장기적인 투자와결정이 왜 중요한지 예를 들어보자.

장기 투자에 대한 유명한 이야기는 프랑스 와인 메이커인 앙리 자이에의 이야기이다.
1950년대에 자이에는 고품질의 피노 누아 포도를 생산하기 위해 프랑스 부르고뉴 지역의 작은 땅을 구입했다.
당시 이 땅은 품질이 낮은 것으로 여겨져 많은 사람들이 자이에가 잘못된 투자를 하고 있다고 생각했지만 자이에는 시간을 들여 신중하게 경작하면 이 땅이 뛰어난 포도를 생산할 수 있다고 믿었다.

몇년에 걸쳐 자이에는 다양한 방법으로 포도나무를 세심하게 돌보았다.

동종업계의 사람들로부터 비판과 회의적인 시선을 받았지만, 자이에는 부르고뉴 최고의 피노 누아 포도를 생산하겠다는 목표를 포기하지 않았다. 그리고 시간이 지나면서 그의 투자가 맞다는 것을 증명하였다. 그의 와인은 세계에서 가장 인기 있는 와인 중 하나가 되었고, 경매에서 높은 가격을 기록하며 와인 전문가와 애호가 모두에게 호평을 받았다.

오늘날 앙리 자이에의 포도밭은 부르고뉴 최고의 와인을 계속 생산하고 있으며 그의 유산은 계속 이어지고 있다. 그의 이야기는 장기적인 투자, 끈기, 장애물과 반대에도 불구하고 비전을 추구하려는 의지가 얼마나 강력한지를 보여주는 증거이다.

계획의 역설
: 유연성과 준비성의 균형 맞추기

나는 전투를 준비하면서 계획은 무용하나 계획하는 것은 꼭 필요함을 항상 발견해왔다.

_ 드와이트 데이비드 아이젠하워

전쟁에서 계획의 역설적인 성격을 강조한다. 계획은 개인과 팀이 다양한 시나리오와 잠재적 결과를 생각하고, 활용 가능한 자원을 고려하며, 목표를 달성하기 위한 전략을 개발할 수 있게 해주기 때문에 필수적이다. 계획이 없다면 병사들은 전투에 대비하지 못하고 실수를 저질러 전쟁에서 승리하지 못할 가능성이 크다.

반면에 전투는 예측할 수 없기 때문에 계획은 쓸데없는 것으로 보일 수도 있다. 아무리 계획을 잘 세워도 전투 중에는 항상 예상치 못한 변수가 발생한다. 여기에는 예상치 못한 적의 습격, 날씨나 지형의 변화, 장비 오작동 등이 포함될 수 있다. 이러한 상황에서는 기존에 수립한 계획이 더 이상 유효하지 않을 수 있으며, 병사들은 목표를 달성하기 위해 새로운 상황에 빠르게 적응해야 한다.

따라서 계획은 전투를 준비하는 데 필수적이지만, 계획이 성공을 보장하는 것은 아니라는 점을 인식하는 것이 중요하다. 병사들은 변화하는 상황에 유연하고 적응력을 유지하면서도 사전에 수행한 계획과 준비에 의존해야 한다. 가장 중요한 점은 계획과 유연성 사이의 균형을 유지하여 병사들이 전투에 잘 대비하면서도 상황에 따라 신속하게 적응할 수 있도록 하는 점이다.

전투에서 계획이 중요한 이유

1. 적의 움직임 예측 : 전투에서 계획을 세우는 가장 중요한 이유 중 하나는 적의 움직임을 예측하고 적절한 대응을 준비하기 위해서이다. 잘 짜여진 계획은 적의 행동을 예측하고 그에 따라 전술을 세우는 데 도움이 된다.

2. 자원의 효과적인 사용 : 계획은 부대가 전투에서 성공하는 데 필요한 자원을 확보하는 데 도움이 된다. 여기에는 탄약, 식량, 물, 의료품 및 기타 장비가 포함될 수 있다. 지휘관은 미리 계획을 세움으로써 이러한 자원을 필요한 시기와 장소에서 사용할 수 있도록 보장한다.

3. 병력 조정 : 전투 상황에서는 병력이 효과적으로 협력하는

것이 매우 중요하다. 잘 계획된 작전은 병력의 이동, 행동, 전술이 조율되도록 할 수 있다. 이는 혼란을 최소화하고 아군의 사고를 예방하는 데 큰 도움이 된다.

4. 예상치 못한 상황에 대한 대응 : 전투는 어떤 상황이 벌어질 지 예측할 수 없으며, 예상치 못한 상황은 언제든지 발생할 수 있다. 그러나 잘 계획된 작전은 병력이 예상치 못한 상황에 신속하고 효과적으로 대응하여 임무에 미치는 영향을 최소화하는 데 도움이 될 수 있다.

5. 심리적 이점 : 계획은 병력에게 심리적으로도 영향을 미칠 수 있다. 잘 계획된 작전은 병력의 자신감과 사기를 높여 목표 달성을 위해 집중할 수 있도록 도와준다.

계획은 적의 움직임을 예측하고, 자원을 효과적으로 사용하고, 행동을 조정하고, 예상치 못한 상황에 대응하고, 적에 대한 심리적 우위를 확보하는 데 도움이 되기 때문에 전투에서 중요하다.

계획을 세우는 게 얼마나 중요한지 예를 들어보자.

제2차 세계대전 중에 벌어진 디데이라고도 알려진 노르망디 전투를 이야기 해 보자. 미국, 영국, 캐나다 및 기타 국가의 군인들로 구성된 연합군은 1944년 6월 독일이 점령한 프랑스를 대규모로 침공할 계획을 세우고 있었다.

침공 계획은 매우 복잡했고 수개월에 걸친 준비 과정이 필요했다. 군 지도자들은 침공에 가장 적합한 날짜와 장소를 선택하기 위해 기상 조건, 조석 패턴, 적의 방어력 등의 요소를 고려해야 했다.

침공 계획이 수립되면 병사들은 임무에 완벽하게 대비하기 위해 강도 높은 훈련을 받았다. 모의 해변에 상륙하는 연습을 하고 상륙 작전에서의 역할을 반복적으로 연습했다.

모든 계획과 준비에도 불구하고 실제 전투에는 여전히 예상치 못한 많은 어려움이 있었다. 예를 들어, 상륙 당일에는 기상 조건이 좋지 않아 많은 병사들이 잘못된 위치에 상륙했고, 일부는 너무 깊은 물에 상륙하여 익사하는 사고도 발생하였다.

그러나 침공에 들어간 계획과 준비는 궁극적으로 연합군의 승리에 결정적인 역할을 했다. 병사들의 광범위한 훈련과 사전에 세밀하게 수립된 계획은 예상치 못한 상황에 적응하고 적의 저항에 맞서 목표를 달성하는 데 도움이 되었다.

노르망디 전투는 전쟁에서 계획이 얼마나 중요한지를 보여주는 대표적인 사례이다. 계획 자체는 상세하고 광범위했지만, 병사들이 변화하는 상황에 적응할 수 있는 능력 또한 성공에 결정적인 역할을 했다.

관계의 힘
: 우리가 아는 사람들에 의해 형성되는 방식

나의 어느 부분도 원래부터 있었던 것이 아니다. 나는 모든 지인들
의 노력의 집합체다.

— 척 팔라닉

개인의 정체성이 전적으로 자신의 노력의 결과물이 아니라 주
변 사람들의 기여에 의해 형성된다는 것을 의미한다.

인간은 사회적 동물이며 다른 사람과의 관계와 상호작용은 우
리의 생각, 신념, 가치, 행동을 형성하는 데 중요한 역할을 한다.
친구, 가족, 동료, 멘토, 심지어 낯선 사람과의 경험은 우리의 관
점에 영향을 미치고 세상에 대한 이해를 형성할 수 있다.

위의 명언은 우리가 고립된 개인이 아니라 우리와 상호작용하
는 사람들의 집단적 노력의 산물이라는 것을 의미한다. 우리는
다른 사람들의 생각, 아이디어, 행동에 영향을 받는다.

인간의 상호 연결성을 강조하고 개인의 정체성을 형성하는 데
있어 타인과의 관계의 중요성을 강조한다. 또한 우리의 노력이

궁극적으로 주변 사람들의 정체성을 형성하는 데 도움이 되므로 우리는 주변 사람들의 삶에 긍정적으로 기여할 책임이 있다는 것을 의미한다.

인간은 사회적 동물

인간은 사회적 동물이라는 말은 인간은 기본적으로 다른 사람과의 관계와 연결을 통해 번성하는 사회적 동물이라는 사실을 인정하는 것이다.

진화론적 관점에서 볼 때, 인간은 생존을 위해 협력과 협동이 필수적인 사회 집단에서 진화했다. 소통하고, 협력하고, 지식과 자원을 공유하는 능력은 우리 조상들이 어려움을 극복하고 새로운 환경에 적응하는 데 도움이 되었다.

지금 현대에 이르러서는 가족, 친구, 커뮤니티와의 관계를 중요하게 여기는 사회적 본성이 나타난다. 우리는 위로와 지원, 동반자와의 관계에서 사회적 관계를 찾는다. 소셜 네트워크는 우리에게 소속감, 정체성, 목적의식을 제공하며, 전반적인 웰빙과 행복에 기여한다.

연구에 따르면 사회적 관계는 신체적, 정신적 건강에 큰 영향을 미칠 수 있다. 사회적 유대감이 강한 사람은 우울증, 불안, 스트레스를 경험할 확률이 낮고 신체 건강이 더 좋을 가능성이 높다고 한다.

인간은 사회적 동물이라는 말은 사회적 관계가 우리 삶에서 얼마나 중요한 역할을 하는지를 잘 보여준다. 인간의 사회적 본성은 진화에 의해 형성되었으며 우리의 웰빙과 정체성의 기본이다. 따라서 다른 사람들과의 건강한 관계를 형성하고 유지하는 것은 인간 삶에 필수적이다.

예를 들어보자.

직장을 구하기 위해 새로운 곳으로 이사한 사람을 상상해 보자. 근처에 친한 친구나 가족이 없는 새로운 환경에서 고립감과 외로움을 느낄수 있다. 하지만 직장이나 동호회, 공통된 취미나 관심사를 통해 다른 사람들과 사귀고 관계를 맺기 시작하면서 사회적 유대감을 형성하기 시작한다.

새로운 친구들과 함께 시간을 보내면서 경험, 이야기, 감정을 공유하고 소속감과 유대감을 키우기 시작한다. 시간이 지남에 따라 이러한 사회적 관계는 다른 사람과의 관계를 찾게 되고, 이러한 사회적 관계는 행복감과 소속감을 제공한다. 이들과 형성되는 관계는 전반적인 행복과 삶의 질에 필수적이며, 이는 사회적 유대가 인간의 본성에 얼마나 중요한지를 보여준다.

포용하기
: 예상치 못한 결과에서 가치 찾기

어떤 것이 당신이 계획대로 되지 않는다고 해서 그것이 불필요한
것은 아니다.

_ 토마스 A. 에디슨

일이 의도한 대로 풀리지 않는다고 해서 그 경험이나 목적이
가치가 없는 것은 아니라는 것을 말한다.

우리는 종종 특정 결과를 달성하기 위해 자신의 기대와 욕구
에 따라 계획을 세우고 목표를 설정한다. 하지만 인생은 예측할
수 없으며 항상 계획대로 일이 진행되지는 않는다. 때로는 예상
치 못한 장애물이나 난관에 부딪히기도 하고, 때로는 통제할 수
없는 외부 요인으로 인해 계획에 차질이 생길 수도 있다.

이럴 때는 좌절감이나 실망감을 느끼기 쉽고, 그 경험을 실패
나 시간 낭비라고 생각하기 쉽다. 하지만 일이 계획대로 진행되
지 않더라도 경험에는 여전히 가치가 있을 수 있음을 말한다.

예를 들어, 예상치 못한 좌절은 회복탄력성, 문제 해결 능력 또

는 새로운 관점을 개발할 수 있는 개인적 성장의 기회를 제공할 수 있다. 마찬가지로 방향 전환을 통해 이전에는 고려하지 않았던 새로운 열정, 관심사 또는 기회를 발견할 수도 있다.

이 글의 핵심은 예상치 못한 상황에서 발생할 수 있는 가능성에 대해 열린 자세를 유지하라는 것이다. 계획대로 일이 진행되지 않는다고 해서 그것이 불필요하거나 목적이 없는 것은 아니다. 오히려 성장과 배움의 기회가 될 수도 있다.

계획을 세우고 활동하는 게 필요한 이유

계획과 실천은 목표를 달성하고 꿈을 실현하는 데 필수적인 요소이다. 계획과 실천이 중요한 몇 가지 이유를 소개한다.

1. 명확성과 집중력 : 계획은 목표를 명확히 하고 목표를 달성하기 위해 취해야 할 단계를 파악하는 데 도움이 된다. 계획을 세우면 복잡한 프로젝트를 관리 가능한 작업으로 나누고 작업의 우선순위를 정할 수 있다. 그런 다음 실행에 옮기면 목표를 달성하기 위해 취해야 할 구체적인 단계에 집중할 수 있다.
2. 생산성 : 실행은 일을 완수하는 열쇠이다. 행동이 없으면 계

획과 아이디어는 이론적인 수준에 머물러 가시적인 결과를 만들어내지 못한다. 계획을 실행에 옮기면 생산성을 높이고 목표를 향해 나아갈 수 있다.

3. 학습과 성장 : 실행에 옮기면 경험을 통해 배우고 그에 따라 계획을 조정할 수 있다. 실패와 실수는 시간이 지남에 따라 접근 방식을 개선하고 결과를 개선하는 데 도움이 되는 귀중한 학습 기회가 될 수 있다.

4. 두려움과 미루는 습관 극복하기 : 계획을 세우고 실행에 옮기면 두려움과 미루는 습관을 극복하는 데 도움이 될 수 있다. 목표를 관리하기 쉬운 작은 단계로 세분화하면 종종 행동으로 이어지지 않는 압도감을 줄일 수 있다. 또한 행동을 취하는 것은 시간이 지남에 따라 추진력을 키우고 자신감을 높이는 데 도움이 될 수 있다.

계획과 실천은 목표를 달성하고 꿈을 실현하는 데 필수적인 요소이다. 계획을 세우면 목표를 명확히 하고 필요한 단계를 파악하는 데 도움이 되며, 실행에 옮기면 생산성을 높이고 경험을 통해 배우고 두려움과 미루는 습관을 극복할 수 있다.

예를 들어보자.

한때 의사가 되는 것이 꿈이었던 미르라는 청년이 있었다. 그는 학교에서 열심히 공부하고 병원에서 자원봉사를 하며 큰 희망을 품고 의과대학에 지원했다.

하지만 최선의 노력에도 불구하고 그는 어떤 의과 대학에도 합격하지 못했다. 미르는 큰 충격을 받았다. 의과대학에 진학하기 위해 많은 시간과 에너지를 쏟았는데 실패한 것 같은 기분이 들었기 때문이다.

상실감과 앞으로 무엇을 해야 할지 확신이 서지 않았던 미르는 갭이어를 통해 새로운 나라로 여행을 떠나기로 결심하였다. 그곳에서 그는 소외된 아이들을 위한 학교를 짓는 프로젝트를 진행하고 있는 사람들을 만났다.

그들의 열정과 헌신에 감명을 받은 미르는 자신의 시간과 기술을 기부하여 이 프로젝트를 돕기로 결심하였다. 그 후 몇 달 동안 그는 이 단체와 함께 기금 모금, 설계, 학교 건축에 참여하였다.

이 경험을 통해 미르는 지역사회 개발과 교육에 대한 새로운 열정을 발견하였고 의사가 되는 것이 처음의 꿈이었지만 세상에 긍정적인 영향을 미칠 수 있는 유일한 방법은 아니라는 것을 깨달았다.

몇 년 후, 미르는 의과대학에 진학하지 못했던 어려운 시기를 되돌아보았다. 당시에는 좌절이었지만 궁극적으로 그 좌절이 자신을 의미 있고 성취감 넘치는 새로운 길로 이끌었다는 것을 깨달았다.

미르의 이야기는 '계획대로 일이 진행되지 않는다고 해서 그것이 불필요한 것은 아니다'라는 말을 잘 보여준다. 미르의 처음 계획은 잘 풀리지 않았지만, 그는 그 경험을 통해 새로운 열정과 목적을 발견하였다. 좌절은 불필요한 것이 아니라 오히려 그에게 성장의 기회였다.

게으름의 역설
: 비활동의 쾌락과 고통, 그리고 목적의식적 행동의 중요성

게으름은 즐겁지만 괴로운 상태다. 우리는 행복해지기 위해서 무엇인가 하고 있어야 한다.

_ 마하트마 간디

게으름이 당장은 편안하고 즐겁게 느껴질 수 있지만 장기적으로는 불만족과 불행으로 이어진다는 것을 의미한다.

게으름은 노력을 기울이고 싶지 않거나 할 수 없는 상태로, 생산성이나 성취감이 부족한 상태를 말한다. 휴식을 취하는 것은 웰빙에 도움이 될 수 있지만, 지나친 게으름은 지루함, 무관심, 목적이나 성취감의 결여로 이어질 수 있다.

반대로 활동적이고 좋아하는 활동에 참여하면 행복과 만족감을 느낄 수 있다. 열정을 추구하거나 새로운 기술을 배우는 등 일을 할때 우리는 목적의식과 성취감을 느낀다.

반대로 게으름을 피우는 데 너무 많은 시간을 소비하면 죄책감, 지루함, 잠재력 낭비 같은 부정적인 감정을 경험할 수 있다.

이처럼 게으름은 당장은 기분이 좋을지 모르지만 시간이 지나면 불만족과 불행을 초래할 수 있는, 즐겁기도 하고 고통스럽기도 하다.

행복과 성취감을 느끼기 위해서는 적극적으로 생활에 참여하는 것이 중요하다는 것을 일깨워준다. 휴식을 취하는 것도 중요하지만, 기쁨과 의미, 목적을 가져다주는 활동과 추구를 찾기 위해 노력해야 한다.

예를 들어보자.

다가오는 시험을 위해 공부하는 대신 하루 종일 텔레비전을 보는 학생을 예를 들어 보자.

당장 이 학생은 텔레비전를 보며 편안함과 즐거움을 느낄 수 있다. 하지만 시험 마감일이 다가오면 불안과 스트레스를 느끼고 시간을 더 생산적으로 사용하지 못한 것에 대해 후회할 수 있다.

반대로 여가 시간을 공부, 강의 수강, 과외 활동 등으로 보내는 학생은 당장은 피곤하거나 스트레스를 받을 수 있지만 궁극적으로 시험을 잘 치르거나 목표를 달성하면 성취감과 자부심을 느낄 수 있다.

마찬가지로 주말 내내 잠만 자고 사회 활동을 피하는 사람은 당장은 편안하고 안정감을 느낄 수 있지만, 인생에서 의미 있는 관계나 활동이 없다면 외로움이나 성취감을 느낄 수도 있다.

게으름이 당장은 기분 좋을지 모르지만 궁극적으로는 스트레스, 후회, 성취감 부족과 같은 부정적인 결과를 초래한다는 것을 보여준다. 반면에 활동적이고 의미 있는 활동에 참여하는 것은 당장은 힘들고 피곤할 수 있지만 궁극적으로는 성취감, 목적의식, 행복감으로 이어진다.

비활동의 매력
: 게으름의 유혹과 결과

무위(無爲)라는 상태는 게으르지만 기분 좋기도 하다.

— 플라니 2세

아무것도 하지 않거나 활동하지 않는 상태가 당장은 편안하고 즐거울 수 있지만 장기적으로는 부정적인 결과를 초래할 수 있음을 의미한다.

활동하지 않는 상태는 목표나 과제를 향해 행동을 취하거나 진전을 이루지 않는 것을 의미한다. 이는 미루기, 동기 부여 부족 또는 부담감으로 인한 결과일 수 있다. 단기적으로는 시간이나 에너지에 대한 요구가 없기 때문에 활동하지 않는 것이 기분 좋게 느껴질 수 있다. 하지만 장기적으로 보면 활동하지 않으면 기회를 놓치거나 성취감 부족, 자존감 저하와 같은 부정적인 결과를 초래할 수 있다.

비활동의 즐거움은 종종 필요한 노력이 부족하기 때문이다. 스스로를 밀어붙이거나 결정을 내리거나 위험을 감수할 필요가 없다. 하지만 이러한 즐거움은 일시적인 경우가 많으며, 활동하지 않으면 정체와 지루함을 느낄 수 있다.

반대로, 목표를 향해 행동하고 진전하는 것은 어렵고 노력이 필요할 수 있지만 궁극적으로 성취감으로 이어진다. 이는 자신감을 향상시키고 지식을 넓히며 잠재력을 최대한 발휘할 수 있도록 도와준다.

비 활동의 유혹과 위험성을 강조한다. 비활동적인 태도는 편안하고 기분 좋게 느껴질 수 있지만, 기회를 놓치거나 성취감 부족과 같은 부정적인 결과를 초래할 수도 있다. 목표를 향해 능동적으로 행동하는 것은 어려울 수 있지만 궁극적으로 성취감과 만족감을 가져다준다.

예를 들어보자.

직장이나 학교에서 프로젝트 마감일이 있는 사람을 들 수 있다. 이 사람은 프로젝트를 바로 시작하는 대신 어떤 조치도 취하지 않고 미루는 것을 선택한다.

단기적으로는 프로젝트를 진행하지 않아도 된다는 안도감과 편안함을 느낄 수 있다. 하지만 마감일이 다가올수록 프로젝트를 완료하는 데 아무런 진전이 없다는 사실을 깨닫게 되면서 스트레스와 불안감이 커질 수 있다. 이로 인해 마지막 순간에 프로젝트를 완료하기 위해 정신없이 서두르거나 심지어 마감일을 아예 놓칠 수도 있다.

반면에 바로 조치를 취하고 프로젝트를 시작했다면 단기적으로는 약간의 스트레스나 불편함을 겪었을지 모르지만 궁극적으로는 프로젝트에 더 많은 시간을 할애할 수 있었을 것이고 더 나은 결과물을 만들 수 있었을 것이다. 또한 마지막 순간에 프로젝트를 완료하기 위해 서두르거나 마감일을 놓치는 스트레스와 불안감도 피할 수 있었을 것이다.

이 예는 단기적으로 보면 무행동이 즐겁고 편안한 상태일 수 있지만, 장기적으로는 스트레스 증가, 기회 놓치기, 성취감 부족과 같은 부정적인 결과를 초래할 수 있음을 보여준다. 목표를 향해 행동을 취하고 진전을 이루는 것은 어려울 수 있지만 궁극적으로 성취감으로 이어진다.

노아의 법칙
: 예측보다 행동의 중요성

나는 노아의 법칙을 위반했다. 비를 예측하는 것은 중요하지 않지만, 방주를 만드는 것은 중요하다.

_ 워런 버핏

단순히 예측이나 경고에 의존하기보다는 미래의 잠재적 사건에 대비하기 위한 사전 조치의 중요성을 강조하는 비유적인 표현이다.

성경에 나오는 노아의 방주 이야기를 바탕으로 한다. 하나님은 노아에게 임박한 홍수에 대해 경고하고 자신과 가족, 동물들을 구하기 위해 방주를 만들라고 지시했다. 노아는 임박한 홍수를 믿지 않는 사람들의 조롱을 받으면서도 경고에 귀를 기울이고 방주를 만드는 데 몇 년을 보냈다.

위 명언에서 얻을 수 있는 교훈은 예측이나 경고에만 의존하기보다는 미래의 잠재적인 사건에 미리 대비하고 조치를 취하는 것이 중요하다는 것이다. 일상생활에서 자연재해에 대비하기 위한 조치를 취하거나, 비상사태에 대비해 돈을 저축하거나, 예방적 건강 조치에 투자하는 것을 의미할 수 있다.

예측에만 의존하는 대신 발생할 수 있는 위기에 대비하기 위한 사전 조치를 취하는 데 집중해야 한다는 점을 이야기한다. 그렇게 함으로써 우리는 어떤 도전에 닥치더라도 더 잘 대처할 수 있다.

예를 들어보자.

• 건강 관리 : 몸이 아플 때까지 기다렸다가 병원을 방문하는 대신 정기 검진 및 선별 검사를 받고, 건강한 식단을 섭취하고, 규칙적으로 운동하는 등 예방 조치를 취하는 것이 중요하다. 이렇게 하면 나중에 더 심각한 건강 문제를 피할 수 있다.

• 돈 관리 : 모든 일이 항상 순조롭게 진행되고 재정적인 어려움에 직면하지 않을 것이라고 가정하기보다는 자동차 수리, 의료비, 실직과 같은 예상치 못한 지출에 대비해 미리 돈을 저축하는 것이 중요하다.

예에서 볼 수 있듯 단순히 예측이나 경고에 의존하기보다는 미래의 잠재적 사건에 대비하기 위한 사전 조치를 취하는 데 중점을 둠으로써 우리는 어떤 어려움이 닥치더라도 더 잘 대처할 수 있다.

지연된 만족의 기술
: 책임감과 개인적인 즐거움의 균형 맞추기

해가 지는 것을 보게 해 주겠노라. 짐이 요구하겠노라. 그러나 내
통치 기술에 따라 조건이 갖추어지길 기다려야하느니라.

— 생텍쥐페리

위의 명언은 해결해야 할 책임이나 부담이 있지만 상황을 효과
적으로 처리할 수 있는 기술과 전문성을 개발할 시간을 가질 때
까지 대응을 미루고 있음을 시사하고 있다.

'해가 지는 것을 보게 해 주겠다'는 말은 조치를 나중으로 미
루겠다는 것을 표현한 것이다. 해가 지는 것은 매일 일어나는 자
연스러운 현상이며, 해가 지는 것은 시간의 경과를 나타낸다. '해
가 지는 것을 보게 해 주겠다'라고 말함으로써 시간이 지나고 준
비가 될 때까지 행동하지 않겠다는 것을 이야기한다.

'짐이 요구할 것이다'라는 말은 해결해야 할 중요한 과제나 책
임이 있지만 즉각적인 조치가 필요할 만큼 긴급하지는 않다는
것을 이야기한다. 이 부담을 해결해야 할 책임이 있다는 것을 인

식하지만, 이를 효과적으로 처리하기 위해서 시간이 필요하다는 것을 말한다.

'내 통치 기술에 따라 조건이 갖추어지길 기다린다'는 말은 부담을 해결하기 위해 신중한 접근 방식을 취하고 있음을 나타낸다. 자신의 통치 능력 또는 효과적인 의사 결정 능력이 상황을 처리하는 데 중요한 역할을 할 것임을 이야기한다. 이러한 조건이 갖추어질 때까지 행동을 미루는 것은 때가 되었을 때 부담을 해결할 수 있도록 더 잘 준비할 수 있도록 하는 것이다.

위의 명언은 부담이나 책임을 처리하는 데 전략적인 접근 방식을 취하고 있음을 말한다. 그들은 그것이 중요하다는 것을 인식하고 있지만, 행동을 취하기 전에 준비하고 조건을 갖추는 것이 중요하다는 것이다.

예를 들어보자.

• 의사 결정 : 각 조직의 리더들은 새로운 시장으로 확장할지, 신제품에 투자할지 등 어려운 결정을 내려야 할 때가 있을 수 있다. 리더는 성급하게 결정을 내리는 대신 시간을 들여 정보를 수집하고, 데이터를 분석하고, 의사 결정 기술을 개발하여 최선의 선택을 할 수 있다.

• 개인의 성장 : 새로운 기술을 배우거나 커리어 경로를 추구하는 등 개인적인 목표가 있을 수 있다. 목표를 달성하기 위해 바로 뛰어들기보다는 수업, 교육 또는 멘토링을 통해 기술과 지식을 개발하는 데 시간을 할애할 수 있다.

• 대인관계 : 친구나 가족과의 갈등과 같은 어려운 관계 상황에서는 의사소통 및 갈등 해결 방법을 찾을 때까지 상황을 미룰 수 있다. 그렇게 함으로써 생산적이고 긍정적인 방식으로 상황을 처리하는 데 더 잘 대비할 수 있다.

이러한 각 예에서 상황의 중요성을 인식하면서도 조치를 취하기 전에 시간을 들여 준비하면 상황을 효과적으로 처리하고 긍정적인 결과를 얻을 수 있다.

미덕 키우기
: 신중한 교육과 개인 개발의 중요성

우리가 후대를 위해 준비할 때, 미덕은 유전되는 것이 아니라는 점을 기억해야 한다.

_ 토마스 페인

이 말은 덕이 있거나 좋은 집안에서 태어났다고 해서 이러한 특성을 자동적으로 물려받게 되는 것은 아니라는 의미이다. 다시 말해, 미덕이나 선함은 유전이나 가족 관계를 통해 대물림되는 것이 아니라는 이야기이다.

'후대를 위해 준비한다'는 말은 다음 세대를 위해 더 나은 미래를 계획하고 노력하는 것을 의미한다.

배경이나 혈통에 관계없이 각 개인이 자신의 행동과 성격에 대한 책임이 있다는 것을 인식하는 것이 중요하다는 점을 강조한다. 고결한 행동의 역사를 가진 집안에서 태어났다고 해서 자동으로 이러한 특성을 갖게 되는 것은 아니다. 미덕은 각 개인이 배우고, 실천하고, 배양해야 하는 것이다.

다시 말해, 조상들의 유산을 고려하는 것도 중요하지만, 각 개인이 자신의 인격과 행동을 형성한다는 것을 의미한다.

전반적으로 이 명언은 조상의 미덕이나 가치에 의존하기보다는 우리 자신의 미덕과 가치관을 함양하는 데 집중할 것을 권장한다. 이는 우리 자신의 운명을 개척하고 미래 세대에 긍정적인 영향을 미칠 수 있는 힘이 우리에게 있음을 일깨워준다.

예를 들어보자.

우리의 부모가 미덕을 지녔다고 해서 그 사람 자신도 미덕을 지닐 수 있다는 뜻이 아닙니다. 미덕은 각 개인이 배우고 실천해야 하는 것입니다.

예를 들어, 부모가 매우 자선적이고 도움이 필요한 사람들에게 아낌없이 기부하는 부유한 가정을 상상해 보세요. 그러나 자녀들은 다른 사람에 대한 관심이나 불우한 사람들을 돕고 싶은 마음이 전혀 없이 이기적으로 자랍니다. 이 경우 자녀는 부모의 자선 미덕을 물려받지 못했기 때문에 고결한 사람이 되려면 스스로 배워야 합니다.

반면에 가난하고 힘든 환경에서 자란 사람도 자신의 노력과 경험을 통해 친절, 공감, 회복탄력성과 같은 미덕을 기를 수 있습니다. 이러한 특성을 물려받지는 못했을지라도 자신의 행동을 통해 이러한 특성을 기르고 덕을 갖춘 사람이 될 수 있습니다.

행동의 가치
: 완벽한 계획보다 시기적절한
실행이 더 중요한 이유

지금 적극적으로 실행되는 괜찮은 계획이 다음 주의 완벽한 계획
보다 낫다.

_ 조지 S. 패튼

    미래에 완벽한 계획이 실현되기를 기다리는 것보다 오늘 괜찮은 계획으로 행동하는 것이 더 낫다는 것을 이야기한다. 다시 말해, 언제 올지 모르는 이상적인 계획을 기다리는 것보다 계획이 아직 완벽하지 않더라도 현재에 조치를 취하는 것이 중요하다는 것을 강조하는 말이다.

    완벽을 기다리는 것은 종종 행동하지 않거나 기회를 놓치고 시간을 낭비하는 결과를 초래할 수 있음을 상기시켜 준다. 반면, 지금 당장 적절한 계획을 세워 실행에 옮기면 개인과 조직은 목표를 향해 나아가고, 실수로부터 배우고, 필요에 따라 계획을 조정할 수 있다.

    완벽한 계획이 나올 때까지 기다리는 것보다 현재 실행 가능

한 계획을 세우는 것이 더 낫다는 것이다. 오늘 실행할 수 있는 좋은 계획은 가시적인 결과와 추진력을 창출하여 더 큰 발전과 개선의 기회를 만들 수 있다. 반면에 완벽한 계획을 기다리다 보면 기회를 놓치고 추진력을 잃을 수 있다.

이상적인 상황이 나타날 때까지 기다리기보다는 계획이 완벽하지 않더라도 행동과 진전을 수용하도록 독려한다. 오늘 제대로 된 계획을 세워 실행에 옮기면 긍정적인 모멘텀을 만들어 목표를 향해 의미 있는 진전을 이룰 수 있다.

계획을 세우고 실행에 옮기는 것이 얼마나 중요한지 보여주는 몇 가지 예를 들어보자.

1. 창업 : 창업을 시작하는 것은 완벽한 계획을 기다리는 것이 안 좋은 상황을 보여주는 좋은 예입니다. 많은 예비 창업가들이 사업 계획을 완벽하게 세우고 이상적인 시장 상황을 기다리면서 계획 수립 단계에 갇혀 있습니다. 하지만 실제로 제품을 출시할 준비가 되었을 때는 이미 기회가 지나간 후일 수 있습니다. 반면에 성공한 기업가들은 괜찮은 계획으로 시작한 다음 진행하면서 조정하고 반복하는 경우가 많습니다.

2. 책 쓰기 : 책 쓰기는 완벽을 기다리는 것이 비생산적일 수 있는 또 다른 예입니다. 많은 작가 지망생들이 완벽주의에 시달리며 처음 몇 챕터를 완성하는 데 몇 달, 심지어 몇 년을 소비합니다. 하지만 다음 단계로 나아갈 준비가 되었을 때는 이미 책 쓰기에 대한 추진력과 열정을 잃었을 수도 있습니다. 반면에 매일 글을 쓰는 습관을 들인 작가는 작업이 완벽하지 않더라도 진전을 이루고 책을 완성할 가능성이 더 높습니다.

3, 프로젝트를 실행 : 직장에서 새로운 프로젝트를 실행하는 것은 완벽한 계획을 기다리는 데 많은 비용이 들 수 있는 상황입니다. 많은 회사에서 새로운 계획을 실행하기 전에 과도하게 계획하고 분석하는 경향이 있습니다. 하지만 이는 기회를 놓치고 추진력을 잃는 결과로 이어질 수 있습니다. 반면, 계획이 완벽하지 않더라도 실행과 반복을 우선시하는 회사는 긍정적인 결과를 얻고 지속적으로 개선할 가능성이 더 높습니다.

명예의 진정한 척도
: 실패를 딛고 일어나기

가장 위대한 영광은 한 번도 실패하지 않음이 아니라 실패할 때마다 다시 일어서는 데에 있다.

— 공자

실패가 없는 것이 아니라 실패를 인내하고 극복하는 능력이 가장 명예로운 것임을 이야기한다. 인생에서 성공과 위대함을 성취하는 데 있어 회복탄력성과 인내의 중요성을 강조한다.

실패는 성공을 향한 여정에서 자연스러운 부분임을 인정하는 것이다. 그 과정에서 좌절과 실패를 경험하지 않고는 누구도 위대한 성취를 이룰 수 없다. 그러나 성공한 사람들을 차별화하는 것은 실패를 딛고 일어나 계속 전진하는 능력이다.

'가장 위대한 영광'이라는 말은 실패를 극복하는 것이 인정과 존경을 받을 만한 중요한 업적이라는 것을 이야기한다. 실패를 딛고 다시 일어설 수 있는 힘과 결단력을 가진 사람은 진정으로 명예롭고 존경받을 만한 사람이라는 것을 의미한다.

또한 이 명언은 실패가 귀중한 학습 경험이 될 수 있음을 이야기한다. 실패를 통해 우리는 실수를 반성하고, 실수로부터 배우고, 미래를 위해 개선할 수 있는 기회를 얻게 된다. 실패를 수용하고 이를 성장과 발전의 도구로 활용함으로써 우리는 더욱 강하고 탄력적인 존재가 될 수 있다.

실패를 성공을 향한 여정의 자연스러운 일부로 받아들이도록 독려한다. 회복탄력성과 인내심은 인생에서 위대함을 성취하는 데 필수적인 자질이며, 실패를 극복하는 것은 명예와 존경을 받을 만한 중요한 업적이라는 것을 상기시켜 준다.

실패하더라도 포기하지 않는 것이 중요하다

- 실패는 학습 과정의 자연스러운 일부이다 : 첫 번째 시도에서 모든 일에 성공하는 사람은 없다. 실패는 학습 과정의 필수적인 부분이며, 실패는 향후 개선과 성공에 사용할 수 있는 귀중한 피드백과 정보를 제공한다. 실패했을 때 포기하면 배우고 성장할 수 있는 기회를 스스로 거부하게 된다.
- 끈기는 성공으로 이어진다 : 많은 성공한 사람들은 목표를 달성하기까지 수없이 많은 실패를 겪는다. 이들을 차별화하는 것은 좌절과 장애물에도 불구하고 계속 시도하는 끈기

와 결단력이다. 실패를 딛고 일어섬으로써 장기적으로 성공할 확률을 높일 수 있다.

- 포기는 후회로 이어질 수 있다 : 목표와 꿈을 포기하면 나중에 그 목표를 더 추구하지 않은 것을 후회할 수 있다. 이는 인생에 대한 불만족과 성취감으로 이어질 수 있다. 목표를 계속 추구함으로써 우리는 목적과 의미가 있는 삶을 살 수 있는 기회를 얻게 된다.

- 실패는 귀중한 학습 경험이 될 수 있다 : 실패를 통해 우리는 실수를 반성하고, 실수로부터 배우고, 미래를 위해 개선할 수 있는 기회를 얻게 된다. 실패를 학습 경험으로 받아들임으로써 우리는 더욱 강해지고 회복탄력성을 높일 수 있다.

- 성공은 즉각적으로 이루어지는 경우가 드물다 : 성공을 달성하려면 오랜 시간에 걸친 노력과 헌신, 끈기가 필요한 경우가 많다. 실패했다고 포기하면 목표를 달성하고 잠재력을 최대한 발휘할 수 있는 기회를 놓치게 된다.

실패했을 때 포기하면 배우고, 성장하고, 목표를 달성하는 데 방해가 될 수 있다. 실패를 인내함으로써 인생에서 성공과 성취의 가능성을 높일 수 있다.

예를 들어보자.

프로 농구선수가 되기를 꿈꾸던 톰이라는 젊은 운동선수가 있었습니다. 그는 농구에 타고난 재능이 있었고 실력을 향상시키기 위해 끊임없이 노력했습니다. 톰은 매일 연습하고, 최고의 선수들의 경기를 시청하고, 심지어 농구 캠프에 참석하여 경험 많은 코치에게 배웠습니다.

열심히 노력했지만 톰은 그 과정에서 많은 좌절을 겪었습니다. 중요한 경기에서 결정적인 슛을 놓치기도 하고, 노련한 선수들을 따라잡기 위해 고군분투했으며, 때로는 포기하고 싶다는 생각이 들기도 했습니다. 하지만 그는 실패에 굴복하지 않았습니다. 그는 좌절에 직면할 때마다 그것을 배우고 발전하는 기회로 삼았습니다.

어느 날 톰의 팀은 챔피언 결정전에 진출했습니다. 스코어는 동점이었고 경기 시간은 몇 초 밖에 남지 않았습니다. 톰에게 마지막 기회가 왔고 경기의 승패가 그의 어깨에 달려 있었습니다. 그는 팀의 기대와 자신의 꿈이 자신을 짓누르는 무게를 느낄 수 있었습니다.

톰은 심호흡을 하고 머릿속으로 완벽한 슛을 상상한 후 골대를 향해 공을 던졌습니다. 슛은 빗나갔습니다. 부저가 울렸고 경기는 끝났습니다. 톰의 팀은 우승에서 패배했습니다.

톰은 참담한 기분이었습니다. 그동안 열심히 노력했는데 이제 모든 노력이 헛수고가 된 것 같았습니다. 하지만 패배감을 느끼며 벤치에 앉아 있던 톰은 예전에 들었던 명언을 떠올렸습니다.

'가장 위대한 영광은 한 번도 실패하지 않음이 아니라 실패할 때마다 다시 일어서는 데에 있다.'

톰은 자신에게 선택권이 있다는 것을 깨달았습니다. 꿈을 포기하고 이 실패가 자신을 정의하도록 내버려둘 수도 있고, 성장하고 발전하는 기회로 삼을 수도 있었습니다. 그는 후자를 선택했습니다.

톰은 챔피언십 경기에서의 실패를 더 나은 선수가 되기 위한 동기로 삼아 계속해서 연습하고 열심히 노력했습니다. 그는 실수로부터 배우고 기술을 연마하여 결국 프로 농구팀에 입단하게 되었습니다.

톰의 성공 여정에는 좌절과 실패가 없었던 것은 아니지만, 그는 그러한 좌절이 자신을 정의하는 것을 거부했습니다. 그는 실패할 때마다 인내하며 궁극적인 목표를 향한 디딤돌로 삼았습니다. 결국 톰은 가장 큰 영광은 실패하지 않는 것이 아니라 실패를 딛고 다시 일어서는 것임을 깨달았습니다.

가치 있는 존재
: 성공이 따르는 이유

성공한 사람이 아니라 가치 있는 사람이 되기 위해 힘쓰라.

— 알버트 아인슈타인

성공만을 추구하는 것은 사회에 가치 있는 기여자가 되기 위해 노력하는 것만큼 성취감이나 의미가 없을 수 있다는 것을 의미한다.

성공한다는 것은 일반적으로 일정 수준의 명성, 부 또는 자신의 업적에 대한 인정을 받는 것을 의미한다. 그러나 성공은 종종 덧없고 피상적일 수 있으며, 삶의 성취감이나 목적의식을 반드시 가져다주지 않을 수도 있다.

반면에 가치 있는 사람이 되기 위해 노력한다는 것은 일, 인간 관계 또는 기타 활동을 통해 의미 있는 방식으로 다른 사람에게 기여하는 데 집중하는 것을 의미한다. 다른 사람의 삶에 가치를 더하는 데 집중함으로써 단순한 성공에서 오는 것이 아닌 목적의식과 성취감을 느낄 수 있다.

가치 있는 사람이 된다는 것은 자신의 업적이나 명예에만 집중하는 것이 아니라 다른 사람에게 미칠 수 있는 영향력에 집중하는 것을 의미한다. 여기에는 자신의 강점을 파악하고 이를 업무, 자원봉사 또는 단순히 친구나 가족의 지지자가 되는 등 다른 사람을 돕는 데 사용하는 것이 포함된다.

가치 있는 사람이 되기 위해 노력함으로써 성공에만 집중해서는 얻을 수 없는 삶의 목적과 의미를 개발할 수 있다. 성공은 일시적인 만족감을 가져다줄 수 있지만, 가치 있는 존재가 되는 것은 지속적인 성취감을 가져다주고 삶의 목적과 의미를 더 크게 만드는 데 기여할 수 있다.

예를 들어보자.

한때 성공적인 뮤지션이 되기를 꿈꾸던 알렉스라는 청년이 있었습니다. 그는 음악 업계에서 큰 성공을 거두겠다는 결심으로 기타를 연습하고 곡을 쓰는 데 수많은 시간을 보냈습니다.

결국 알렉스는 음반 계약을 체결하고 첫 앨범을 발매했습니다. 이 앨범은 상업적으로 성공했고 그는 빠르게 많은 팬을 확보했습니다. 그는 투어를 다니며 수천 명의 팬들 앞에서 공연을 했고, 그의 음악은 전 세계 라디오에서 흘러나왔습니다.

하지만 알렉스는 성공에도 불구하고 자신이 성공하는 데 너무 집중한 나머지 애초에 왜 음악을 만들기 시작했는지 잊어버렸다는 사실을 깨달았습니다. 그는 청중과의 진정한 교감 없이 같은 곡을 반복해서 연주하며 그저 반복되는 일상을 보내고 있다고 느꼈습니다.

그러던 어느 날 그는 힘든 시간을 보내고 있던 팬으로부터 한 통의 편지를 받았습니다. 팬은 알렉스의 음악이 힘든 시기를 이겨내는 데 도움이 되었고 미래에 대한 희망을 주었다고 썼습니다. 알렉스는 편지를 읽으며 자신의 음악이 다른 사람의 삶에 미칠 수 있는 영향력을 깨달았습니다.

그날부터 알렉스는 성공하는 것에서 가치 있는 사람이 되는 것으로 초점을 바꾸기로 결심했습니다. 그는 사랑, 상실감, 정신 건강 같은 문제에 초점을 맞춰 좀 더 개인적이고 의미 있는 곡을 쓰기 시작했습니다. 또한 팬들과 더 많이 소통하기 시작하여 자신의 어려움을 공유하고 도움이 필요한 사람들을 지원했습니다.

알렉스는 성공보다 가치 있는 존재가 되는 것을 우선시하기 시작하면서 음악에 대한 새로운 목적의식과 성취감을 찾았습니다. 그는 자신의 예술의 진정한 가치는 음반 판매량이나 팬 수에 있는 것이 아니라 사람들의 삶에 미칠 수 있는 영향력에 있다는 것을 깨달았습니다.

알렉스의 이야기는 진정한 성취는 성공이 아니라 다른 사람에게 가치 있는 존재가 되는 것에서 비롯된다는 교훈을 줍니다. 성공은 일시적인 만족감을 가져다주지만, 가치 있는 존재가 되면 인생에 지속적인 목적의식과 의미를 부여할 수 있습니다.

5부
희망 키우기

웃음의 가치
: 매일을 소중하게 만들기

웃음 없는 하루는 낭비한 하루다.

_ 찰리 채플린

유머와 웃음이 행복한 삶의 중요한 요소임을 이야기한다. 웃음은 스트레스와 긴장을 해소하는 자연스러운 방법이며 신체적, 정신적 건강에 모두 도움이 되는 것으로 밝혀졌다. 웃을 때 우리 몸은 엔도르핀을 분비하여 기분을 개선하고 고통과 스트레스를 줄일 수 있다. 또한 웃음은 다른 사람들과 소통하고 관계를 형성하며 긍정적인 추억을 만드는 데 도움이 될 수 있다.

일상에서 기쁨과 유머를 우선시하고 모든 일을 너무 심각하게 받아들이지 말고 사소한 것에서 유머를 찾도록 독려한다. 웃음이나 유머가 없는 하루는 온전히 살지 못한 하루이며, 일상에 유머를 불어넣는 방법을 찾는 것이 중요하다는 것을 이야기한다. 웃음과 유머를 받아들임으로써 우리는 삶에서 더 큰 웰빙, 행복감, 성취감을 경험할 수 있다.

예를 들어보자.

제가 정말 우울하고 스트레스를 많이 받았던 때가 있었어요. 해야 할
일이 너무 많았고 부담스러웠어요. 모든 것이 잘못되고 있는 것 같았고
하루하루에서 기쁨을 찾기가 힘들었습니다.

어느 날 오후, 저는 잠시 휴식을 취하며 산책을 하기로 결심했습니다.
걷다가 공원에서 놀고 있는 아이들을 보았습니다. 아이들은 서로를 쫓
고 쫓기며 웃고 있었고, 정말 즐거운 시간을 보내고 있었습니다.

그 광경에 저도 모르게 미소가 지어졌고, 계속 걷다 보니 저를 미소 짓
게 하는 또 다른 광경들이 눈에 들어오기 시작했습니다. 다람쥐를 쫓
는 개, 기타를 치는 남자, 근처 광장에서 춤을 추는 연인을 보았습니다.

회사로 돌아왔을 때는 기분이 훨씬 나아졌어요. 해야 할 일이 많더라
도 휴식을 취하며 저를 웃게 하고 기분을 좋게 하는 일을 찾는 것이 중
요하다는 것을 깨달았죠. 그날부터 저는 작은 웃음의 순간일지라도 일
상에서 기쁨을 찾기 위해 의식적으로 노력했습니다.

그 경험을 통해 '웃음이 없는 하루는 낭비된 하루다'라는 말의 진실을
깨달았습니다. 삶은 때때로 스트레스가 많고 힘들 수 있지만, 기쁨과
웃음의 순간을 찾는다면 모든 것이 달라질 수 있습니다.

행동의 힘
: 꿈에서 성취로

위대한 성취를 하려면 행동하는 것뿐만 아니라, 꿈꾸는 것도 반드
시 필요하다.

_ 아나톨 프랑스

중요한 성과를 달성하기 위해서는 목표를 향해 행동하는 것만
으로는 충분하지 않다는 것을 의미한다. 애초에 행동을 취하도
록 영감을 주고 동기를 부여하는 비전, 꿈 또는 목표가 있어야
한다.

꿈은 성취하고자 하는 것을 시각화하고 성공이 어떤 모습인지
에 대한 명확한 비전을 만들 수 있기 때문에 위대한 일을 성취
하는 데 있어 매우 중요한 부분이다. 꿈은 방향과 목적을 제시하
고 노력해야 할 무언가를 제공한다.

하지만 꿈만으로는 위대한 일을 이루기에는 충분하지 않다. 꿈
을 현실로 바꾸려면 행동이 필요하다. 진전을 이루고 꿈을 성취
로 바꾸려면 목표를 향해 일관되고 의도적인 단계를 밟는 것이

중요하다.

위대한 일을 성취하기 위해서는 명확한 비전이나 꿈을 갖고 이를 향해 행동하는 것이 중요하다는 것을 강조한다. 꿈과 행동은 밀접한 관련이 있으며, 성공을 위해서는 둘 다 필요하다.

목표를 향해 행동하는 것이 중요하다

목표를 향해 행동하는 것은 여러 가지 이유로 중요하다.

1. 진전 : 목표를 향해 행동할 때 우리는 진전을 이룬다. 진전은 성취감을 주고 자신감을 키워주며 계속 앞으로 나아갈 수 있는 동기를 부여하기 때문에 중요하다. 행동하지 않으면 정체된 상태를 유지하게 되고 목표에 도달할 수 없게 된다.
2. 장애물 극복 : 행동은 장애물을 극복하는 데도 도움이 된다. 도전이나 좌절에 직면했을 때 행동을 취하면 해결책을 찾고 계속 전진하는 데 도움이 된다. 행동은 목표 달성에 필수적인 회복탄력성과 문제 해결 능력을 개발하는 데 도움이 된다.
3. 학습과 성장 : 목표를 향해 행동하는 것은 우리가 배우고 성장하는 데 도움이 된다. 우리는 성공과 실패를 통해 배우고,

목표를 향해 노력하면서 새로운 기술과 지식을 개발한다. 이러한 학습과 성장은 현재 목표를 달성하는 데 도움이 될 뿐만 아니라 미래의 도전과 기회에 대비하는 데도 도움이 된다.

4. 책임감 : 목표를 향해 행동할 때 우리는 진행 상황에 대한 책임을 진다. 이러한 책임감은 집중력과 동기를 부여하고 목표에 대한 헌신을 유지하는 데 도움이 된다.

요컨대, 목표를 향해 행동하는 것은 진전을 이루고, 장애물을 극복하고, 배우고 성장하며, 책임감을 유지하는 데 도움이 되기 때문에 중요하다. 행동하지 않으면 목표는 꿈이나 소망에 지나지 않으며, 위대한 일을 성취할 기회를 놓치게 된다.

예를 들어보자.

성공한 기업가가 되겠다는 꿈을 가진 한 젊은 남성이 있었습니다. 그는 자신이 이루고자 하는 목표에 대한 명확한 비전을 가지고 있었지만 어디서부터 시작해야 할지 몰랐습니다. 그는 몇 시간 동안 새로운 아이디어를 떠올리며 시간을 보냈지만 이를 실행에 옮기는 데 어려움을 겪었습니다.

그러던 어느 날, 그는 과감히 자신의 사업을 시작하기로 하였습니다. 쉽지 않다는 것을 알았지만 그는 자신의 꿈을 현실로 만들기로 결심했습니다. 그는 오랜 시간 동안 자신의 일에 대해 연구하고, 계획하고, 목표를 향해 행동에 옮겼습니다.

시간이 지나면서 그의 사업은 성장하기 시작했고, 그는 불가능하다고 생각했던 일들을 이루어내는 자신을 발견했습니다. 그는 꿈을 꾸는 것만으로는 위대한 일을 이룰 수 없으며, 행동으로 옮기는 것도 마찬가지로 중요하다는 것을 깨달았습니다. 그는 꿈과 행동을 결합하여 비전을 성공적인 비즈니스로 전환할 수 있었습니다.

이 이야기는 꿈이나 비전을 갖는 것이 중요한 첫걸음이지만, 그 꿈을 향해 행동하는 것이 궁극적으로 성공으로 이어진다는 것을 보여줍니다. 꿈은 동기 부여와 방향성을 제공하지만 행동이 없으면 그저 꿈으로만 남습니다. 위대한 일을 성취하려면 꿈을 꾸는 것뿐만 아니라 그 꿈을 향해 의도적이고 일관된 행동을 취해야 합니다.

과거와 미래의 힘
: 지식과 희망

과거는 지식의 원천이며, 미래는 희망의 원천이다. 과거에 대한 사
랑에는 미래에 대한 믿음이 담겨있다.

_ 스티븐 앰브로즈

과거의 경험과 교훈이 현재를 인도할 수 있는 지식을 제공하
고, 더 나은 미래에 대한 희망이 현재를 행동으로 옮기도록 동기
를 부여한다는 것을 의미한다.

과거는 우리에게 무엇이 효과가 있었고 무엇이 효과가 없었는
지에 대한 통찰력과 이해를 제공하기 때문에 귀중한 지식의 원
천이 될 수 있다. 우리의 경험과 실수는 현재에 더 나은 결정을
내리고 과거의 실수를 반복하지 않도록 도와줄 수 있다. 과거로
부터 배움으로써 우리는 더 나은 미래를 만들기 위해 이 지식을
사용할 수 있다.

한편, 미래는 변화와 성장, 발전의 가능성을 상징하기 때문에
희망의 원천이기도 하다. 미래에 대한 희망과 열망은 우리가 현

재를 행동으로 옮기고 더 나은 내일을 향해 노력하도록 동기를 부여한다. 우리는 목표와 꿈을 향해 노력함으로써 우리의 삶과 세상을 긍정적으로 변화시킬 수 있다고 믿는다.

과거에 대한 사랑과 미래에 대한 믿음 사이에는 연관성이 있음을 이야기한다. 과거의 업적과 교훈을 감사하고 존중함으로써 우리는 미래가 더 나아질 수 있다는 믿음을 보여줄 수 있다. 과거로부터 배울 때 우리는 미래의 발전과 성장을 위한 토대를 만들 수 있다.

현재를 형성하는 데 있어 과거와 미래가 모두 중요하다는 점을 강조한다.

위의 명언을 설명하는 데 도움이 되는 몇 가지 예이다.

1. 기술의 발전 : 기술에 대한 과거의 경험은 우리에게 무엇이 효과가 있고 무엇이 효과가 없는지에 대한 귀중한 지식을 제공한다. 우리는 과거의 실수로부터 교훈을 얻고 우리의 삶을 더 편리하고 효율적으로 만들어주는 새로운 기술을 개발해 왔다. 미래에 대한 우리의 희망은 기술이 계속 발전하여 우리의 삶을 더욱 개선하는 것이다.

2. 개인적인 성장 : 과거의 경험을 되돌아보면 실수로부터 배우고 현재에 더 나은 결정을 내릴 수 있다. 미래에 대한 우리의 희망은 우리가 개인으로서 계속 성장하고 발전하여 최고의 사람이 되는 것이다.

3. 사회적 진보 : 트위터의 역사를 통해 우리는 시민권, 여성 인권, 성소수자 인권과 같은 분야에서 사회적 진보를 목격해 왔다. 과거의 경험을 통해 평등과 정의의 중요성에 대해 배웠으며, 앞으로도 더욱 정의롭고 공평한 사회를 만들기 위해 노력할 것이다.

4. 환경 보호 : 환경 파괴에 대한 과거의 경험은 우리에게 지구 보호의 중요성에 대해 가르쳐주었다. 미래에 대한 우리의 희망은 미래 세대를 위해 자연을 보존하면서 지속 가능한 미래를 향해 계속 노력하는 것이다.

이 모든 사례에서 과거의 교훈은 현재를 살아가는 데 도움이 되는 지식과 이해를 제공해 주었다. 미래에 대한 우리의 희망은 과거의 지식과 경험을 바탕으로 더 나은 내일을 향해 행동할 수 있는 동기를 부여한다.

예를 들어보자.

대학에 다니며 역사를 공부할 때 교수님 중 한 분이 '과거는 프롤로그다'라는 말을 하곤 했어요. 처음에는 그 말이 무슨 뜻인지 완전히 이해하지 못했지만, 공부를 더 깊이 파고들면서 과거가 현재와 미래의 토대를 제공한다는 사실을 깨닫기 시작했습니다.

1950년~60년대의 민권 운동에 대해 토론했던 한 수업이 기억납니다. 마틴 루터 킹 주니어, 로자 파크스 등 평등과 정의를 위해 싸웠던 많은 사람들의 용기와 결단력에 대해 이야기했습니다. 그들의 투쟁과 성공에 대해 듣고, 그들의 행동이 어떻게 시민권 진보를 위한 길을 열었는지를 보는 것은 고무적이었습니다.

동시에 평등을 위한 싸움에서 오늘날에도 계속되고 있는 도전과 투쟁에 대해서도 논의했습니다. 하지만 이러한 도전에도 불구하고 상황이 나아질 수 있고 나아질 것이라는 희망과 낙관이 있었습니다.

이 경험을 통해 과거와 현재, 미래가 어떻게 연결되어 있는지, 그리고 과거의 교훈이 어떻게 미래에 희망과 영감을 줄 수 있는지 알게 되었습니다. 과거로부터 배우고 더 나은 미래를 향해 노력함으로써 우리는 지금까지의 진전을 바탕으로 세상에 긍정적인 변화를 계속 만들어 나갈 수 있습니다.

'과거는 프롤로그다'라는 교수님의 말씀과 인용문은 과거가 우리에게 귀중한 지식과 이해를 제공하며, 과거에 대한 애정이 미래에 대한 믿음을 불러일으킬 수 있다는 사실을 상기시켜 줍니다. 과거의 업적과 교훈을 존중함으로써 우리는 더 나은 내일을 향해 나아갈 수 있습니다.

생각의 힘
: 개인의 정체성과 인격 형성

우리가 무슨 생각을 하느냐가 우리가 어떤 사람이 되는지를 결정한다.

_ 오프라 윈프리

    우리의 생각과 신념이 우리의 행동, 궁극적으로 우리의 인격에 강력한 영향을 미친다는 의미이다. 우리의 생각은 세상과 그 안에서 우리의 위치에 대한 인식을 형성하고, 이는 다시 우리가 내리는 선택과 우리가 되는 사람에 영향을 미친다.

    예를 들어, 지속적으로 긍정적으로 생각하고 자신의 능력을 믿는다면 목표를 향해 행동하고 성공할 가능성이 높아진다. 반면에 지속적으로 부정적인 생각을 하고 목표를 달성할 능력이 없다고 믿는다면 시도도 해보기 전에 낙담하고 포기할 수 있다.

    우리의 생각은 우리의 행동과 습관에도 영향을 미친다. 건강한 삶에 대해 끊임없이 생각하면 규칙적인 운동과 영양가 있는 음식 섭취와 같은 건강한 습관을 가질 가능성이 높아진다. 반면에 건강에 해로운 생활에 대해 끊임없이 생각하면 과음이나 기타 해로운 행동과 같은 건강에 해로운 습관을 채택할 가능성이 높아질 수 있다.

또한, 우리의 생각과 신념은 우리의 성격도 형성한다. 연민과 공감에 대해 지속적으로 생각하면 이러한 특성이 발달하여 더 친절하고 자비로운 사람이 될 가능성이 높아진다. 반대로 이기심과 탐욕에 대해 지속적으로 생각하면 자기 중심적이 되고 타인의 행복에 대한 관심이 줄어들 수 있다.

우리의 생각과 신념이 우리의 모습을 형성하는 데 얼마나 중요한지를 강조한다. 자신의 생각에 주의를 기울이고 긍정적이고 건설적인 신념에 집중함으로써 우리는 삶의 긍정적인 궤도를 만들어 최고의 자신이 될 수 있다.

예를 들어보자.

고등학교 시절 저는 육상부에 소속되어 있었습니다. 제 코치 중 한 명은 긍정적인 사고의 힘을 굳게 믿었던 분으로, 매 경기 전에 항상 성공을 상상하라고 격려해 주셨어요.

경기 전에는 눈을 감고 머리에 부는 바람과 승리의 짜릿함을 느끼며 결승선을 가장 먼저 통과하는 모습을 상상하라고 하셨죠. 그는 성공을 시각화함으로써 우리가 목표를 달성할 수 있다고 믿도록 우리의 마음을 훈련시킬 수 있다고 믿었습니다.

처음에는 회의적이었지만 시각화 기법을 연습하기 시작하면서 제 마음가짐이 바뀌는 것을 느꼈습니다. 저는 이길 수 있다고 믿기 시작했고, 자신감과 결단력을 가지고 매 경기에 임했습니다.

이 마음가짐은 성과를 거두었습니다. 더 많은 경기에서 우승하고 개인기록을 세우기 시작하면서 긍정적인 사고의 힘에 대한 믿음이 더욱 강해졌습니다. 제 생각과 신념이 제 성과에 직접적인 영향을 미치고 긍정적인 것에 집중하면 목표를 달성할 수 있다는 것을 깨달았습니다.

이 경험을 통해 저는 우리가 어떤 생각을 하느냐에 따라 우리가 어떤 사람이 되는지가 결정된다는 것을 배웠습니다. 긍정적인 생각과 신념에 집중하면 삶의 모든 영역에서 성공하는 데 도움이 되는 긍정적인 사고방식을 만들 수 있습니다.

개성과 지혜
: 자기 주도의 방향

가장 현명한 사람은 자신만의 방향을 따른다.

_ 에우리피데스

    현명한 개인은 단순히 군중을 따르거나 사회적 규범을 따르지 않는다는 뜻이다. 대신, 그들은 대중의 의견에 반하더라도 자신의 인생에서 자신의 길을 추구할 용기를 가진 독립적인 사상가이다.

    현명한 사람들은 자신의 판단과 직관을 신뢰하며 다른 사람의 의견에 흔들리지 않는다. 그들은 자신의 가치관, 목표, 인생의 목적이 분명하며, 위험을 감수하거나 비판에 직면하더라도 자신의 길을 따르기 위해 최선을 다한다.

    그렇다고 현명한 사람들이 고집스럽거나 폐쇄적이라는 뜻은 아니다. 오히려 새로운 아이디어와 관점에 개방적일 뿐만 아니라 자신의 판단력과 비판적 사고력을 발휘하여 이러한 아이디어를 평가하고 자신의 신념과 가치에 부합하는지 여부를 결정한다.

현명한 사람들은 또한 자신의 길이 가장 쉽거나 인기 있는 길이 아닐 수도 있다는 것을 이해하지만, 자신의 방향을 추구하는 데 따르는 도전과 희생을 기꺼이 받아들인다. 그들은 개인적인 성취감이나 목적의식 등 자신만의 길을 따라갈 때 얻는 보상이 위험이나 어려움보다 훨씬 크다고 믿는다.

개성과 독립성, 자기 신뢰의 중요성을 강조하고 있다. 가장 현명한 사람은 도전과 반대에도 불구하고 자신의 삶의 방향을 추구할 용기가 있고, 자신의 판단과 직관을 신뢰하며 자신의 여정을 안내하는 사람이다.

예를 들어보자.

민식이라는 사람이 있었는데, 그는 싫어하는 회사에서 일하고 있었습니다. 그는 항상 자신의 사업을 시작하는 것을 꿈꿔왔지만, 자신과 가족에게 안정적인 일자리를 제공하는 현재의 직장에 갇혀 있다고 느꼈습니다.

하지만 민식이는 창업에 대한 열정을 추구하지 않으면 자신이 진정으로 행복해질 수 없다는 것을 마음속 깊이 알고 있었습니다. 그래서 많은 고민과 신중한 계획 끝에 그는 직장을 그만두고 자신의 사업을 시작하기로 결심했습니다.

처음에 민식이의 많은 친구와 가족들은 그가 실수하고 있다고 생각했습니다. 안정적인 직장을 그만두고 불확실한 창업에 뛰어든 그의 결정에 의문을 제기했습니다. 하지만 민식이는 자신의 결정을 믿었고 이 길이 자신에게 맞는 길이라고 믿었습니다.

그 과정에서 많은 도전과 좌절을 겪었지만 민식이는 끈질기게 노력하여 사업에 성공하였습니다. 돌이켜보면 민식이는 비판과 반대에도 불구하고 자신의 방향을 따르고 열정을 추구함으로써 올바른 결정을 내렸다는 것을 알 수 있습니다.

민식이의 이야기는 자신의 방향을 따르는 것의 지혜를 보여줍니다. 민식이는 자신의 본능을 믿고 열정을 추구함으로써 자신의 가치에 부합하는 삶을 창조하고 진정한 성취감을 얻을 수 있었습니다. 그는 다른 사람들의 의견에 흔들리지 않고 자신의 길에서 벗어나지 않았으며, 결국 꿈을 이루고 목적과 의미가 있는 삶을 살 수 있었습니다.

긍정과 실용주의의 균형
: 기업 성장의 역학

많은 긍정적 사고를 가진 기업이 부정적 사고를 가진 기업을 인수해 부자가 됐다.

_ 로버트 엘런

비즈니스 세계에서 낙관적이고 미래 지향적인 기업이 때로는 비관적이고 위험 회피적인 기업을 인수하여 이익을 얻을 수 있음을 이야기한다.

긍정적인 마인드를 가진 기업은 미래에 대한 명확한 비전을 가지고 있으며 목표를 달성하기 위해 기꺼이 위험을 감수하는 기업이다. 혁신적이고 적응력이 뛰어나며 소비자들의 공감을 불러일으키는 강력한 브랜드 아이덴티티를 가지고 있는 경우가 많다. 반대로 부정적인 마인드를 가진 기업은 현상 유지와 위험 회피에 중점을 두어 접근 방식이 더 신중하고 보수적일 수 있다. 혁신성이 떨어지고 변화하는 시장 상황에 적응하는 속도가 느릴 수있다.

긍정적 마인드를 가진 기업이 부정적 마인드를 가진 기업을 인수할 때는 전략적인 이유로 인수하는 경우가 많다. 예를 들어, 부정적인 마인드를 가진 기업이 긍정적인 마인드를 가진 기업의 성장을 지원하기 위해 활용할 수 있는 귀중한 자산이나 지적 재산을 보유하고 있을 수 있다. 또는 부정적인 마인드를 가진 기업이 긍정적인 마인드를 가진 기업의 운영에 통합할 수 있는 충성도 높은 고객 기반이나 확립된 유통 채널을 보유하고 있을 수도 있다.

부정적인 마인드를 가진 기업을 인수함으로써 긍정적인 마인드를 가진 기업은 부정적인 마인드를 가진 기업 경영진의 전문성과 경험을 활용할 수 있다. 이를 통해 긍정적인 마인드를 가진 기업은 비즈니스에 대한 접근 방식에서 더욱 균형 잡히고 균형 잡힌 기업이 될 수 있다.

긍정적인 마인드를 가진 기업은 부정적인 마인드를 가진 기업을 인수함으로써 사업 확장, 새로운 시장 진출, 귀중한 자산 또는 지적 재산 활용 등의 이점을 얻을 수 있다는 것. 두 유형의 기업은 비즈니스에 대한 접근 방식이 다를 수 있지만, 서로의 강점을 결합하면 궁극적으로 더 큰 성공과 수익성으로 이어질 수 있다.

기업 M&A

기업 M&A 또는 인수합병은 한 회사가 다른 회사를 인수하거나 합병하는 과정을 말한다. M&A 거래는 일반적으로 새로운 시장으로의 확장, 새로운 기술 또는 지적 재산에 대한 접근, 시너지 효과를 통한 비용 절감과 같은 전략적 비즈니스 목표에 의해 추진된다.

M&A 프로세스에는 일반적으로 다음과 같은 여러 단계가 포함된다.

1. 계획 및 전략 : 인수자는 인수 대상 회사를 파악하고 거래의 재무 및 운영상의 이점을 포함한 인수 전략을 개발한다.
2. 실사 : 인수자는 인수 대상 회사의 재무, 법률 및 운영 성과에 대한 철저한 분석을 수행하여 인수에 따른 위험과 기회를 평가한다.
3. 협상 : 인수자와 인수 대상 회사는 인수 가격, 지불 구조, 조건 또는 우발 상황을 포함한 거래 조건을 협상한다.
4. 거래 종결 : 거래 조건이 합의되면 인수자와 인수 대상 회사는 최종 계약서에 서명하고 소유권 이전을 통해 인수가 완료된다.

M&A 거래는 합병, 인수, 합작 투자 등 여러 가지 형태로 이루

어질 수 있다. 합병은 두 회사가 결합하여 새로운 법인을 설립하는 것이고, 인수는 한 회사가 다른 회사의 자산이나 주식을 매입하는 것이다. 조인트 벤처는 두 개 이상의 회사가 별도의 법적 정체성을 유지하면서 특정 프로젝트 또는 비즈니스 벤처를 위해 협력하는 것을 말한다.

M&A 거래는 관련 회사뿐만 아니라 직원, 고객, 투자자 등 이해관계자에게도 상당한 영향을 미칠 수 있다. 성공적인 M&A 거래는 상호 보완적인 강점을 활용하고, 시너지 효과를 통해 비용을 절감하며, 새로운 시장이나 기술에 접근함으로써 가치를 창출할 수 있다. 하지만 M&A 거래에는 상당한 재무 및 운영상의 문제와 잠재적인 규제 및 법적 장애물이 수반될 수 있기 때문에 위험할 수도 있다.

예를 들어보자.

2000년대 초, 온라인 소매업체 아마존은 빠르게 성장하며 소매업계를 뒤흔들고 있던 긍정적인 마인드의 회사였습니다. 동시에 오프라인 소매업체인 홀푸드는 시장 점유율과 수익성을 유지하기 위해 고군분투하는 부정적인 마인드를 가진 회사였습니다.

2017년, 아마존은 홀푸드를 137억 달러에 인수한다고 발표했습니다. 두 회사의 문화와 비즈니스 모델이 매우 달라 보였기 때문에 많은 업계 전문가들이 놀라움과 회의적인 반응을 보였습니다.

그러나 아마존은 이번 인수를 식료품 시장으로 사업을 확장하고 홀푸드의 확고한 브랜드와 충성도 높은 고객 기반을 활용할 수 있는 기회로 여겼습니다. 홀푸드 역시 이번 인수를 아마존의 기술과 이커머스 전문성을 활용하여 다른 소매업체와 더 나은 경쟁을 펼칠 수 있는 기회로 여겼습니다.

인수 이후 아마존은 아마존 프라임 회원에게 할인을 제공하고 온라인 주문 및 배송 옵션을 도입하는 등 홀푸드의 운영에 상당한 변화를 주었습니다. 이러한 변화는 식료품 시장에서 아마존의 입지를 높이는 동시에 홀푸드의 매출과 수익성을 높이는 데 도움이 되었습니다.

아마존의 홀푸드 인수는 긍정적인 마인드를 가진 기업이 부정적인 마인드를 가진 기업을 인수하여 전략적 목표를 달성하고 상호보완적인 강점을 활용한 사례입니다. 두 회사의 문화와 비즈니스 접근 방식은 매우 달랐지만, 두 회사의 전문성과 리소스가 결합되어 두 회사 모두 더 큰 성공과 수익성을 달성할 수 있었습니다.

희망과 끈기의 힘
: 어둠 속에서 빛을 찾다

희망은 어둠 속에서 시작된다. 일어나 옳은 일을 하려 할 때 고집
스런 희망이 시작된다. 새벽은 올 것이다. 기다리고 보고 일하라
포기하지 말라!

_ 앤 라모트

가장 어두운 순간에도 항상 희망이 있으며, 그 희망은 행동을
취하고 옳은 일을 함으로써 강화될 수 있음을 이야기한다.

어려운 상황이나 불확실한 미래에 직면하면 압도당하고 무력
감을 느끼기 쉽다. 하지만 이러한 절망에 굴하지 말고 자신의 행
동에서 희망과 힘을 찾도록 격려한다. 정신 차리고 옳은 일을 하
기로 결심하면 어둠 속에서도 더 나은 미래의 가능성을 볼 수
있다.

희망에는 인내와 끈기가 필요하다는 것을 인정한다. 새벽은 올
것이지만 우리는 그 밝은 미래를 향해 기다리고, 지켜보고, 노력
해야 한다. 좌절이나 장애물이 있더라도 포기하지 않는 것이 중
요하다. 더 나은 내일을 향해 계속 노력하는 인내와 결단력이 바

로 이 명언에서 말하는 '끈질긴 희망'이다.

희망이 단순히 수동적인 감정이나 태도가 아니라 더 나은 미래를 만들기 위해 할 수 있는 일을 하겠다는 적극적인 의지의 표현이라는 것을 상기시켜 준다. 어려운 시기에도 옳은 일을 하고 더 밝은 내일을 향해 인내함으로써 힘과 희망을 찾을 수 있다.

넬슨 만델라의 예를 들어보자.

남아프리카공화국의 아파르트헤이트에 반대했다는 이유로 27년간 수감되었던 만델라는 희망과 화해의 메시지를 들고 감옥에서 나왔습니다. 오랜 수감 생활로 인해 괴로워하고 원망할 수도 있었지만, 그는 더 나은 남아프리카를 만들기 위해 해야 할 일과 미래에 집중하는 것을 선택했습니다.

옳은 일을 하겠다는 만델라의 신념과 역경을 이겨낸 인내심은 '끈질긴 희망'의 예입니다. 그는 불가능해 보이는 상황에서도 더 밝은 미래를 위해 기다리고, 지켜보고, 노력했습니다. 그의 리더십을 통해 남아공은 민주주의로 전환했고, 만델라는 남아공뿐만 아니라 전 세계에 희망과 화해의 상징이 되었습니다.

희망은 어둠 속에서 시작되고 우리 자신의 행동에 의해 강화된다는 이 명언의 메시지를 만델라는 여러 면에서 구체화했습니다. 그의 이야기는 엄청난 도전과 좌절에도 불구하고 옳은 일을 하고 더 밝은 내일을 향해 노력하면 희망과 힘을 찾을 수 있다는 것을 보여줍니다.

멈출 수 없는 희망의 힘
: 비범함을 위한 촉매제

희망은 볼 수 없는 것을 보고, 만져질 수 없는 것을 느끼고, 불가능한 것을 이룬다.

— 헬렌 켈러

희망이 가진 변화의 힘에 대해 강력하게 표현한 말이다. 희망은 물리적 현실의 한계를 초월하여 불가능하거나 손이 닿지 않는 것처럼 보이는 것을 상상하고 성취할 수 있는 능력을 가지고 있다는 것을 이야기한다.

가장 기본적인 형태의 희망은 상황이 나아질 수 있다는 믿음, 현재의 상황 너머에 우리가 노력할 수 있는 무언가가 있다는 믿음이다. 희망이 있을 때 우리는 다른 사람들에게는 보이지 않는 가능성과 잠재력을 볼 수 있다. 우리는 현재와는 다른 미래를 상상할 수 있으며, 가능한 것에 대한 이러한 비전은 우리가 그것을 실현하기 위한 행동을 취하도록 영감을 줄 수 있다.

희망이 우리가 도달할 수 없는 것들과 연결될 수 있게 해주는 깊은 감정이라는 것을 이야기한다. 희망이 있으면 어렵거나 불가능하다고 느껴지는 상황에서도 목표를 향해 계속 노력할 수 있는 동기를 부여하는 연결감과 목적의식을 느낄 수 있다.

희망이 불가능해 보이는 일을 성취할 수 있는 힘을 가지고 있음을 이야기한다. 무언가 가능하다고 믿을 때, 우리는 그것을 현실로 만드는 데 필요한 단계를 밟을 가능성이 더 높다. 그 과정에서 좌절과 장애물에 부딪힐 수도 있지만, 희망은 동기를 부여하고 최종 목표에 집중할 수 있게 해준다.

위의 명언은 우리의 삶과 주변 세상을 변화시키는 희망의 놀라운 힘을 상기시켜 준다. 보이지 않는 것을 보고, 만질 수 없는 것을 느끼고, 불가능한 것을 성취할 수 있을 때, 우리는 희망의 무한한 잠재력을 활용하여 더 밝은 미래를 만들어갈 수 있다.

예를 들어보자.

1880년에 태어난 헬렌은 생후 19개월에 병을 앓아 청각 장애와 시각 장애를 갖게 되었습니다. 이러한 어려움에도 불구하고 헬렌의 스승인 앤 설리번은 촉각을 통해 소통하는 방법을 가르쳐주었고, 헬렌은 유명한 작가이자 강연자, 활동가로 성장했습니다.

헬렌 켈러는 일생 동안 불굴의 정신과 역경 속에서도 흔들리지 않는 희망으로 유명했습니다. 그녀는 무엇이든 가능하다고 믿었고, 그 믿음을 다른 사람들에게 증명하기 위해 끊임없이 노력했습니다. 그녀는 전 세계를 여행하며 많은 사람들에게 희망과 결단력의 힘에 대해 이야기하고 사람들이 자신과 자신의 능력을 믿도록 영감을 불어넣었습니다.

헬렌 켈러는 여러 면에서 이 명언의 메시지를 구현합니다. 그녀는 청각 장애와 시각 장애를 가졌음에도 불구하고 상상력과 깊은 희망의 감각을 통해 보이지 않는 것을 보고 만질 수 없는 것을 느낄 수 있었습니다. 그녀는 많은 사람들이 불가능하다고 생각했던 일을 성취하여 수백만 명의 삶에 감동을 준 뛰어난 작가, 연설가, 활동가가 되었습니다.

헬렌 켈러의 이야기는 극복할 수 없을 것 같은 장애물을 극복하는 희망의 힘을 보여주는 증거입니다. 그녀는 무엇이든 가능하다고 믿었고 자신의 꿈을 포기하지 않았습니다. 그녀의 삶은 우리 모두에게 자신의 능력에 대한 믿음을 갖고 어떤 어려움에 직면하더라도 희망을 포기하지 말라는 영감을 줍니다.

변화의 심리적 역학
: 두려움, 희망, 자신감

변화는 인간의 정신에 막대한 심리적 영향을 미친다. 두려워하는 자는 상황이 악화될까봐 걱정하므로 위협적으로 느낀다. 희망에 찬 자는 상황이 나아질 것을 기대하므로 용기를 낸다. 자신 있는 사람에게 도전이란 더 나은 것을 만들기 위한 과정이기에, 분발의 계기가 된다.

_ 킹 휘트니 주니어

변화가 인간의 정신에 중대한 영향을 미칠 수 있으며, 변화에 대한 우리의 태도가 변화를 인식하는 방식에 영향을 미칠 수 있음을 이야기한다. 두려움이 많은 사람은 상황이 더 나빠질까 걱정하기 때문에 변화를 위협으로 여길 수 있는 반면, 희망적인 사람은 상황이 나아질 것으로 기대하기 때문에 용기를 낼 가능성이 더 높다. 자신감 있는 사람은 변화를 자신의 상황을 개선하고 더 나은 것을 창조할 수 있는 기회로 여길 수 있다.

두려움은 개인을 마비시키고 행동을 취하지 못하게 할 수 있는 강력한 감정이다. 사람들이 변화를 두려워하면 변화에 저항하거나 자신에게 맞지 않더라도 현상 유지를 시도할 수 있다. 반면에 희망은 사람들이 행동을 취하고 삶에 긍정적인 변화를 일으키도록 동기를 부여하는 원동력이 될 수 있다. 사람들이 희망을 가질 때 변화를 위협이 아닌 기회로 인식할 가능성이 높다.

자신감 또한 사람들이 변화에 대응하는 방식에 중요한 요소이다. 자신감이 있는 사람은 위험을 기꺼이 감수하고 도전을 성장과 발전의 기회로 여길 수 있다. 이들은 변화를 수용하고 변화를 긍정적인 변화의 촉매제로 활용할 가능성이 높다.

변화에 대한 우리의 태도가 변화를 탐색하는 방식에 큰 영향을 미칠 수 있음을 이야기한다. 두려움과 떨림으로 변화에 접근하면 성공할 가능성이 낮아지거나 기회가 주어졌을 때 이를 활용하지 못할 수 있다. 그러나 희망과 자신감을 가지고 변화에 접근하면 변화를 수용하고 자신과 타인을 위해 더 나은 미래를 만드는 데 사용할 가능성이 높아진다.

변화가 인간의 정신에 미치는 심리적 영향

변화는 인간의 정신에 중대한 심리적 영향을 미칠 수 있다. 변화에 직면하면 사람들은 두려움, 불안, 불확실성, 흥분 등 다양한 감정을 경험할 수 있다. 이러한 감정은 사람들이 변화를 인식하고 대응하는 방식에 영향을 미칠 수 있다.

두려움이 많은 사람은 상황이 더 나빠질까 걱정하기 때문에 변화에 위협을 느낄 수 있다. 이들은 변화에 저항하며 자신이 알고 있고 익숙한 것을 고수하는 것을 선호할 수 있다. 이로 인해 정체감을 느끼고 새로운 상황에 적응하지 못할 수 있다.

반면에 희망적인 사람들은 상황이 나아질 것이라는 기대가 있기 때문에 변화에 직면했을 때 용기를 낸다. 새로운 아이디어에 더 개방적이며 새로운 상황에 적응하기 위해 기꺼이 위험을 감수한다. 이는 성장과 발전의 느낌으로 이어질 수 있을 뿐만 아니라 변화하는 환경에서도 성공할 수 있는 능력으로 이어진다.

자신감 있는 사람에게는 도전이 더 나은 것을 만들 수 있는 기회로 여겨질 수 있다. 이들은 변화를 혁신하고 새롭고 흥미로운 것을 창조할 수 있는 기회로 여긴다. 이들은 위험을 감수하는 것을 두려워하지 않으며, 위대한 무언가를 창조하기 위해 기꺼이 노력한다.

궁극적으로 변화가 인간의 정신에 미치는 심리적 영향은 변화에 대한 개인의 태도와 마음가짐에 달려 있다. 변화는 어렵고 불편할 수 있지만 희망적이고 개방적이며 자신감 있는 마음가짐으로 접근하면 성장과 발전, 새로운 기회로 이어질 수도 있다.

예를 들어보자.

새로운 시장에 적응해야 하는 어려움에 직면한 한 중소기업 사장의 이야기에서 살펴보자.

이 사장은 수년 동안 성공을 거두었지만, 그가 종사하는 업계는 기술의 발전과 소비자 선호도의 변화로 인해 큰 변화를 겪고 있었습니다.

처음에 이 사장은 이러한 변화를 두려워하여 비즈니스 모델에 큰 변화를 주는 것을 거부했습니다. 그는 항상 해오던 일을 계속하면 힘든 상황을 견뎌내고 비교적 무사히 지낼 수 있다고 믿었습니다.

하지만 시간이 지남에 따라 이러한 접근 방식이 효과가 없다는 것이 분명해졌습니다. 회사는 경쟁에 어려움을 겪게 되었고, 고객들은 더 새롭고 혁신적인 회사로 눈을 돌리고 있었습니다. 이 시점에서 회사의 사장은 생존하려면 변화에 대한 태도를 바꿔야 한다는 것을 깨달았습니다.

그는 보다 희망적이고 자신감 있는 마음가짐으로 상황에 접근하기 시작했습니다. 그는 업계의 변화를 혁신하고 새롭고 흥미로운 것을 창조할 수 있는 기회로 여겼습니다. 이러한 새로운 태도로 그는 변화하는 시장에 어필할 수 있는 새로운 기술과 제품에 투자하기 시작했습니다.

이러한 사고방식의 변화 덕분에 회사는 새로운 시장에서 생존할 수 있었을 뿐만 아니라 번창할 수 있었습니다.

빈곤에 대한 관점
: 필요와 욕구 사이의 균형

가난하다는 말은 너무 적게 가진 사람을 두고 하는 말이 아니라
너무 많이 바라는 사람을 두고 하는 말이다.

_ 세네카

　단순히 자원이나 소유물이 충분하지 않은 것뿐만 아니라 달성
하기 어렵거나 불가능한 비현실적인 욕망과 기대를 갖는 것을 의
미하기도 한다. 너무 많은 것을 원하고 끊임없이 더 많은 것을 얻
기 위해 노력하면 재산이나 물질적 소유의 정도와 상관없이 실
제로 빈곤감을 느낄 수 있다는 것을 이야기한다.

　이 아이디어는 사람들이 소득이나 물질적 소유의 증가와 같
은 삶의 긍정적 변화에 빠르게 적응하고 동일한 수준의 행복이
나 만족을 유지하기 위해 끊임없이 더 많은 것을 원하는 경향인
'쾌락적 적응'이라는 개념에 뿌리를 두고 있다. 그 결과, 사람들은
기본적인 욕구를 충족하기에 충분한 자원을 가지고 있어도 진정
한 만족감이나 성취감을 느끼지 못할 수 있다.

반대로, 자신이 가진 것에 만족하고 더 많은 것을 얻기 위해 끊임없이 노력하지 않는 사람은 물질적 소유나 자원이 적더라도 더 큰 성취감과 만족감을 느낄 수 있다. 이는 행복과 만족의 열쇠가 반드시 더 많은 것을 갖는 것이 아니라 이미 가지고 있는 것에 만족하는 것임을 이야기한다.

이 명언은 물질적 소유와 부를 추구하는 것은 끝없는 순환일 수 있으며, 진정한 부는 가진 것이 아니라 현재 순간에 만족과 행복을 찾을 수 있는 능력에 있다는 것을 이야기한다.

예를 들어보자.

성공한 사업가의 이야기이다.

그는 아름다운 집과 고급 자동차, 최신 기기를 모두 소유하고 있었지만 성공에도 불구하고 진정한 성취감이나 행복을 느끼지 못했습니다. 그는 항상 더 많은 것을 얻기 위해 노력했고 자신이 가진 것을 잃을까 봐 끊임없이 걱정했습니다.

그러던 어느 날, 이 사업가는 우연히 자신의 마을을 지나가던 한 스님을 만났습니다. 스님은 사업가의 불안한 마음을 알아차리고 그에게 지혜의 말씀을 건넸습니다. 스님은 진정한 행복과 만족은 물질적 소유나 부에서 찾을 수 있는 것이 아니라 지금 이 순간을 즐기고 내면의 평화와 조화의 감각을 키우는 데서 찾을 수 있다고 말했습니다.

이 사업가는 처음에는 회의적이었지만 스님의 말에 흥미를 느꼈습니다. 그는 자신의 삶을 되돌아보기 시작했고, 자신이 오랫동안 물질적 소유와 부를 쫓느라 인생에서 진정으로 중요한 것을 놓치고 있었다는 것을 깨달았습니다.

시간이 지나면서 이 사업가는 물질적 소유에 대한 집착을 버리고 대신 내면의 평화와 만족감을 키우는 데 집중하기 시작했습니다. 그는 가족과 더 많은 시간을 보내고, 지역사회에서 자원봉사를 하며, 기쁨과 성취감을 가져다주는 취미와 관심사를 추구하기 시작했습니다.

물질적 소유에 대한 집착을 버리고 진정으로 중요한 것에 집중하면서 이 사업가는 이전에는 느끼지 못했던 행복과 만족감을 경험하기 시작했습니다. 그는 진정한 부는 우리가 가진 것이 아니라 지금 이 순간 행복과 성취감을 찾을 수 있는 능력에 있다는 것을 깨달았습니다.

ᅴ

희망의 힘
: 인간 마음의 빛의 등대

인간의 심장에서 희망을 빼앗아라. 그럼 그는 먹이를 찾는 야수가
될 것이다.

— 퀴다

사람들이 희망을 잃거나 절망감을 느낄 때 공격적이 되고 약
탈적인 행동을 할 수 있다는 것을 의미한다. 희망은 인간이 문명
화되고 공감하며 동정심을 갖도록 도와주는 인간의 필수적인 감
정이라는 것을 이야기한다. 희망이 없으면 인간은 다른 사람과
소통하고 친절하게 행동하며 문명화된 방식으로 행동하는 능력
을 잃을 수 있다. 사람들은 미래도, 전망도, 희망할 이유도 없다
고 느끼면 절망, 분노, 절망감에 빠져 공격성과 폭력으로 이어질
수 있다.

반면에 희망은 사람들이 노력하고, 건설하고, 창조하고, 다른
사람들을 돌볼 이유를 제공한다. 희망은 우리가 문제에 대한 해
결책을 찾고, 함께 일하며, 더 나은 세상을 만들도록 이끄는 원

동력이다. 희망이 없으면 사람들은 상실감, 외로움, 무력감을 느낄 수 있으며, 이는 부정적인 행동과 태도로 이어질 수 있다.

희망이 우리 삶에서 얼마나 중요한 역할을 하는지를 상기시켜준다. 우리가 문명화되고 공감하며 동정심을 갖기 위해서는 우리 자신과 타인에게 희망을 키워야 한다는 것을 말해준다.

건강하고 자비로운 사회를 유지하는 데 있어 희망의 중요성을 일깨워준다. 희망은 역경을 극복하고, 삶의 의미를 찾고, 다른 사람들과 연결될 수 있는 힘을 준다. 희망은 인간 본성의 근본적인 부분으로, 우리가 처한 상황을 극복하고 최고의 사람이 될 수 있게 해준다.

희망을 갖고 살아야 하는 이유

희망을 갖고 사는 것은 우리 삶에 많은 이점을 가져다 준다.

- 목적의식 부여 : 희망이 있으면 우리는 무언가를 기대하고 노력할 수 있다. 이는 삶의 목적과 방향을 제시할 수 있다.
- 삶의 만족도 향상 : 연구에 따르면 희망은 우울감과 불안감을 감소시키고 행복감과 삶의 만족도를 증가시킬 수 있다고 한다.

- 회복력 향상 : 도전과 좌절에 직면했을 때 희망은 어려운 시기를 견뎌내고 계속 나아가는 데 도움이 될 수 있다.
- 동기 부여 : 더 나은 미래에 대한 희망이 있으면 그 미래를 현실로 만들기 위한 행동을 취할 가능성이 높아진다. 희망은 목표와 꿈을 향해 노력하도록 동기를 부여한다.
- 관계 개선 : 희망이 있으면 긍정적인 태도로 다른 사람에게 다가가고 새로운 경험과 기회에 더 열린 마음을 가질 가능성이 높아진다. 이는 우리의 관계와 사회적 관계를 개선할 수 있다.

전반적으로 희망을 품고 살면 정신적, 정서적 웰빙 개선, 회복력 증가, 목적의식 및 동기 부여 등 삶에 많은 긍정적인 이점을 가져다준다.

예를 들어보자.

제2차 세계대전 중 강제 수용소에 갇힌 유대인 포로들은 나치 군대를 위한 군수품을 생산하는 공장에서 강제로 일해야 했습니다. 가혹한 환경과 잔인한 대우에도 불구하고 빅토르 프랭클이라는 한 수감자는 언젠가는 자유의 몸이 되어 아내와 재회할 수 있다는 희망을 품고 있었습니다.

프랭클의 희망은 강제 수용소의 고통과 비인간적인 대우를 견딜 수 있는 힘을 주었습니다. 그는 가장 암울한 상황에서도 삶에는 여전히 의미가 있다고 믿었습니다. 그는 자신의 경험을 바탕으로 삶의 의미와 목적을 찾는 데 초점을 맞춘 로고테라피라는 새로운 형태의 심리 치료법을 개발했습니다.

전쟁이 끝난 후 프랭클은 아내와 재회했지만 부모님과 다른 가족을 잃는 비극적인 아픔을 겪기도 했습니다. 하지만 그는 희망을 잃지 않았고 자신의 경험을 바탕으로 다른 사람들이 삶의 의미와 목적을 찾도록 도왔습니다.

프랭클의 이야기는 가장 어두운 상황에서도 희망의 힘을 보여주는 증거입니다. 프랭클은 희망이 있었기에 살아남을 수 있었고, 그의 경험은 다른 사람들이 자신의 삶에서 의미와 목적을 찾도록 돕는 데 영감을 주었습니다.

자아실현의 추구
: 잠재력을 최대한 발휘하기

자신이 될 수 있는 존재가 되길 희망하는 것이 삶의 목적이다.

_ 신시아 오지크

인간 존재의 궁극적인 목표가 우리의 잠재력을 최대한 발휘하여 최고의 사람이 되는 것임을 이야기한다. 이 말은 여러 가지 의미로 해석될 수 있지만, 궁극적으로는 성장, 발전, 개선의 여지가 있으며 인생에서 잠재력을 최대한 발휘하기 위해 노력해야 한다는 것을 의미한다.

개인의 성장과 발전의 중요성을 강조하는 것이다. 최고의 자아가 되기 위한 여정은 학습, 자기 성찰, 자기 발견을 포함하는 지속적인 과정이라는 것을 이야기한다. 이 과정을 통해 자신의 강점과 약점을 파악하고, 관심사와 열정을 탐구하며, 잠재력을 최대한 발휘하는 데 필요한 기술과 지식을 개발할 수 있다.

'희망하는'이라는 단어는 최고의 자아가 되기 위한 여정이 쉽지 않을 수 있으며, 그 과정에서 장애물과 좌절이 있을 수 있음을 인정한다. 그러나 희망의 끈을 놓지 않는 것이 목표를 달성하는 데 매우 중요하다는 것을 이야기하기도 한다. 희망은 역경 속에서도 계속 나아갈 수 있는 동기를 부여하고 삶에 대한 긍정적인 시각을 유지할 수 있게 해준다.

개인의 성장과 발전 외에도 잠재력을 최대한 발휘하는 것이 우리 삶에 목적의식과 성취감을 가져다줄 수 있음을 이야기한다. 자신의 가치와 열정에 부합하는 삶을 살면 더 큰 만족감과 만족감을 느낄 수 있고, 더 충실한 삶을 살 수 있다.

전반적으로 위의 명언은 개인의 성장, 발전, 자기 발견을 추구하도록 장려한다. 우리에게는 인생에서 위대한 일을 성취할 수 있는 잠재력이 있으며, 희망을 잃지 않고 목표에 전념하면 최고의 자신이 될 수 있다는 사실을 일깨워준다.

위의 명언을 더 깊이 이해하기 위해 다음 사항을 살펴볼 수 있다.

- 개인적 성장 : 인생의 목적이 개인으로서 성장하고 발전하는 것임을 이야기한다. 이는 두려움을 극복하고, 새로운 기술을 배우고, 지식과 경험을 넓히는 것을 의미할 수 있다.

- 자기 발견 : 최고의 자아가 되기 위한 여정에서 우리는 자신의 가치, 신념, 열정을 탐구해야 한다. 자기 성찰과 성찰을 통해 우리는 자신이 진정 누구인지, 인생에서 무엇을 성취하고 싶은지 발견할 수 있다.
- 성취감 : 잠재력을 최대한 발휘하면 삶에 성취감과 목적의식을 불어넣을 수 있다. 자신의 가치와 열정에 부합하는 삶을 살 때 만족감과 만족감을 경험할 가능성이 높아진다.
- 희망 : 최고의 자아가 되기 위한 여정이 항상 쉽지는 않겠지만, 목표를 달성할 수 있다는 희망을 유지해야 한다는 것을 이야기한다. 희망은 장애물과 좌절에도 불구하고 우리의 잠재력을 최대한 발휘하기 위해 계속 노력할 수 있는 동기와 회복력을 줄 수 있다.

우리에게 위대한 성취를 이룰 수 있는 잠재력이 있으며, 자아 발견과 개인적 성장을 향한 여정은 지속적인 과정이라는 사실을 상기시켜 준다. 희망을 잃지 않음으로써 우리는 목표에 전념하고 인생의 잠재력을 최대한 발휘할 수 있다.

예를 들어보자.

작은 마을에 살던 미주라는 젊은 여성이 있었습니다. 미주는 재능 있는 예술가였지만 자신의 열정을 진지하게 추구한 적은 없었습니다. 그녀는 항상 전문 예술가가 되어 갤러리에서 자신의 작품을 전시하는 것이 꿈이었지만 그것이 가능하다고 믿지 않았습니다.

그러던 어느 날 미주는 자신의 꿈을 이루고 자신이 상상하던 삶을 살고 있는 성공한 예술가를 만났습니다. 그 예술가는 미주에게 열정을 추구하고 자신을 믿으라고 격려했습니다. 그녀는 미주에게 인생의 목적은 자신이 원하는 사람이 되는 것이며, 미주에게는 마음만 먹으면 무엇이든 이룰 수 있는 잠재력이 있다고 말했습니다.

작가의 말에 영감을 받은 미주는 자신의 예술을 더욱 진지하게 받아들이기 시작했습니다. 그녀는 수많은 시간을 공예를 연습하고, 워크숍에 참석하고, 커뮤니티의 다른 아티스트들과 교류하는 데 보냈습니다. 그 과정에서 좌절과 어려움이 있었지만 미주는 희망을 잃지 않고 자신의 꿈을 향해 전념했습니다.

결국 미주의 노력은 결실을 맺었습니다. 지역 갤러리에서 그녀의 작품을 전시하도록 초대받았고, 그녀의 작품은 비평가들의 찬사를 받았습니다. 이후 미주의 커리어는 날개를 달기 시작했고, 그 자체로 성공적인 아티스트가 되었습니다.

미주는 자신의 여정을 되돌아보며 한 예술가의 말이 인생의 전환점이 되었다는 것을 깨달았습니다. 위 명언은 미주에게 열정을 추구하고 꿈을 포기하지 않도록 영감을 주었습니다. 미주는 최고의 자신이 되어 있었고, 자신의 여정이 그만한 가치가 있다는 것을 알았습니다.

당신 마음의 숨겨진 잠재력을 깨워라
사람의 마음을 여는 60가지 열쇠

초판 1쇄 발행 2023년 5월 30일

지은이 백미르
펴낸이 백광석
펴낸곳 다온길

출판등록 2018년 10월 23일 제2018-000064호
전자우편 baik73@gmail.com

ISBN 979-11-6508-527-8 (13320)